# 中学受験で成功する子が10歳までに身につけていること

理数系専門塾エルカミノ代表
村上 綾一

KADOKAWA

# はじめに

本書を手に取っていただき、ありがとうございます。

私はこれまでに20年間、中学受験の指導を行ってきました。指導に際し、お父様お母様とお話ししていて、

「幼少期や低学年のときに、こういう勉強をしておいてほしかった」

「小さい頃にそんな勉強をさせても効果は少ないのに……」

と感じることがあります。特に、お子さんの学習に意欲的なご家庭ほど、低学年の時期には適さない勉強をさせていることが多いです。また、思考力や発想力の伸ばし方を間違えています。

やるべきことをやり、する必要のないことはしない。そういうシンプルで効果の高い学習をしてほしいと願い、それを本書にまとめました。

中学受験はとても大変ですが、だからといって、それをむやみに先取りしても意味はありません。むしろ、年齢に応じた学習をきちんと行った子が、小学5～6年生で大きく成長します。低学年の時期は、将来を見据えて土台作りをするときです。本書を参考に、土台作りに取り組んでください。

# 第1章 低学年のうちに取り組みたいこと

# 第2章

# 低学年のうちにやってはいけないこと

# 第3章

# 低学年での勉強のしかた

# 第4章 高学年での勉強のしかた

第5章

# 親の疑問にお答えします（Q&A）

# 第6章

## 学力別・科目別　勉強のコツ

# 第7章 成功するために家庭でできること

## 終章 本当に大切なこと



本文デザイン：串田 千晶（TYPEFACE）
本文イラスト：村山 宇希（ぽるか）

プロローグ

# 子どもの学力は親次第

少人数制の学習塾を始めて15年。それ以前も、大手学習塾で中学受験を目指す小学生に指導を行っていましたので、すでに何百人もの子どもたちを見送ったことになります。

長年の指導経験からいつも思うのは、**勉強は子どもたちにとって、決して楽ではない**ということです。

しかし勉強は、できればしたほうがいい。

では、子どもが勉強をするにあたって、何が必要なのでしょうか。

それは、ひとえに親の助けということになります。

## 親にしかできない「二つのこと」

ひと口に親の助けと言っても、よくわからないかもしれません。

最初に親がしてあげられることは、**学ぶことを歯磨き同様、習慣にしてあげること**です。習慣になっている歯磨きは、日々の生活において、特別なことではありません。

勉強も同じです。習慣になってしまえば、勉強することも特別なことではなくなります。

勉強を習慣にするのは、子ども一人ではできません。親の助けの最初の一歩と言ったわけは、ここにあります。

次に、**環境作り**です。

環境には二つの要素があります。

一つはどの子どもにも当てはまるもの。主として、保育園や幼稚園に行き、義務教育を受けるというような、社会的に与えられるものです。

もう一つは、個々の子どもに合ったもの。家庭での取り組みに左右されます。子どもに合った環境を作ってあげられるのは親しかいません。

## 「学校に任せておけば……」は通用しません！

よく親たちは「昔はこんなに勉強しなかった」と言います。確かにそうだったかもしれません。時代のニーズに合った教育が義務教育にも反映されるため、学ぶべきことは増えています。

しかし、詰め込み教育の弊害が出るといわれ、小学校のカリキュラムは緩いものになりました。その結果、学力が低下するという問題が新たに起こっています。

一方で、集中できない子どもが増えています。それゆえ先生の注意も、学習指導以外に向かざるを得ません。先生の集中力もそがれます。

小学校のこういった実態にあっては、学習指導も学校にばかり任せておけません。**家庭でも学習指導が必要**な理由はここにあります。

## 受験を通じて、親子で成長しよう

すでに述べた通り、勉強は決して楽なものではありません。そのうえ、勉強を阻む要素がたくさんあります。

親が子どもだった頃より、テレビゲームやコンピュータゲームなどの誘惑がたくさん。子どもなりに友だち付き合いもあります。友だちとの人間関係も、かつてより複雑になってきています。

このような状況下で、中学受験を目指す小学生には、心身ともに負担がかかるのは、避けられない現実です。

子どもを中学受験に向かわせるにあたっては、それが子どもの心を折る要素にもなり得ることを、親がよく理解している必要があります。

そのうえで、では、どういう家庭環境にしたらいいのか、どういう塾に通わせたらいいのか、どういう家庭学習をさせたらいいのか、迷いが生じることでしょう。

私は、**強い心でのびのびと生きていける、勉強のできる子どもを育てたい**と、いつも願っています。そのためには、学校や塾の力はもちろん必要ですが、一番は家庭での指導だと考えています。

本書では、子どもが心を折ることなく継続して学力をつけていくために、親が子どもにどのように関わっていったらいいのか、低学年と高学年にわけて、さまざまな角度から、また、なるべく具体的に触れていきたいと思います。

# 第1章

# 低学年のうちに取り組みたいこと

# 小さい頃から生き物に触れておこう 01

低学年のうちに、昆虫や動物や植物に触れる機会をなるべくたくさん作ってあげてください。生き物に触れることによって**観察力が養われ、おのずと「比較」や「分類」ができるようになる**からです。子どもが興味を示した分野なら、何でもかまいません。

子どもが興味を示すきっかけは、親の興味が影響します。いくら子どものためとはいえ、親が興味のないことに取り組んでも、子どもだって楽しくありません。**親子で楽しく触れることができる、**それが大切です。

## 直接の体験から大きな学びが！

たとえば、子どもがクワガタに興味を持ったとします。クワガタは何種類もいます。それらの微妙な違いを、観察を通して気づくことができたら、子どもは楽しくて夢中になります。

昆虫観察のよいところは、直接手に取って見ることができる点です。

山に出かけてクワガタを見つけたら、捕まえて子どもに見せてあげてください。できれば本人に持たせて、一緒に観察しましょう。

次の日、またクワガタを見つけたら、

「お父さん、このクワガタ、昨日見たクワガタとアゴの形が違うよ」

と言うかもしれません。

お父さんの喜ぶべき瞬間です。子ども自ら違いに気づいたのです。

「ほんとだ！　よく、気がついたね。図鑑で詳しく調べてみよう」

違いに気づくこと、違いを知ることは、幼少期において貴重な体験になります。

## 子どもの話に耳を傾ける

発見があったり、違いに気づいたりすると、子どもはさっそく自分の発見したことを聞いてほしくて話しかけてくることがあります。「なるほど〜！」などと、大げさに驚きながらほめてあげてください。親に感心されると、子どもはとてもうれしく思うものです。

その結果、**子どもの意欲は向上します**。自ら観察を続け、図鑑で調べるなど、知識を増やそうと工夫をします。

ともすると面倒に感じることもあるとは思いますが、**話を始めた子どもには、しばし付き合ってあげましょう。**

昆虫や動物、植物は、子どものさまざまな能力を引き出してくれる素晴らしい存在です。有効に活用してください。

仮に虫が苦手な女子も、植物に興味のない男子も、桜は春、セミは夏など、季節ごとの代表的な動物や植物はおさえておくようにしましょう。

親子一緒に、四季の移り変わりには敏感でいてください。

生き物を観察することで、「比較」や「分類」の力がつく

# どんどん絵を描かせよう

02

３歳前後の子どもに紙と鉛筆を与えると、正体不明の何かを描きます。やがて、顔から手足が生えている、いわゆる「顔人間」を描き始めることでしょう。

顔人間には全くリアリティがありません。顔から手や足が出ていると、子どもの絵を直したくなるのが親心。しかし、どうか**温かい目で見守ってあげてください**。後に有名な画家になった人も、最初に描いたのは顔人間だったそうです。

「本当の人間とは違うね」と、顔人間を直そうものなら、子どもは絵を描くことを嫌いになってしまうおそれがあります。

それは大きな損失につながりかねません。

## 絵を描くことで観察力を養う

低学年になったら、昆虫や動物、植物に触れたときに、それらの絵を描かせてみてください。実際に触れることはできませんが、興味があるなら恐竜でもいいです。絵を描くために、こまごまと観察するようになります。子どもの力を伸ばすチャンスです。

**観察は、発見・感動をもたらします。発見・感動は、自主的に勉学に励む重要なきっかけになります。**

## 絵で算数が得意になる!?

観察して絵を描くことは、注意力・集中力・識別能力も育てます。

そして、**絵を描くことで養われる注意力・集中力・識別能力は、学力につながります。**

たとえば算数でいうと、立体図形の問題を難しく感じなくなる、ということがあります。立体図形を頭の中だけで考えるのは大人でも容易ではありません。しかし立体図形をサッと描ける子は、頭の中でも立体図形をイメージできるので、立体図形を苦にしません。

生物や植物の絵を描いているうちに、知らず知らず立体図形を描くことが上手になります。やがて立体図形の問題で苦労が少なくなるというわけです。

もちろん、立体図形の問題の正答率を上げるために絵を描かせるわけではありません。

**絵を描くこと自体に興味を持たせましょう。**単に絵が上手になるだけではない、大いなる効果に注目してください。

# 記憶力を上げるには 03

思考力を伸ばすためにも、記憶力は大切です。知識が豊富ならば、思考の材料がたくさんそろうからです。

それがわかっているからこそ、記憶力をつけさせたいと親は願うわけですが、記憶力をアップさせるために特別にすることはありません。日常生活を一コマずつ積み重ねていくだけです。

## 細かく観察するクセをつける

観察は発見・感動をもたらすと述べましたが、さらには記憶を深いものにしてくれます。

観察にあたっては、見比べるための図鑑を用意しましょう。出かけるときは、ハンドブックタイプの図鑑で十分です。何かを見つけたり気がついたりしたら、「これは何だろう」と親が子どもに聞いてみてください。意識的に声を掛けなければ、観察する姿勢は身につきません。

**細かく観察することで、何に注目すればよいかがわかるようになり、記憶力が向上します。**

## 絵日記は夏休み以外もつけてみよう！

昔から今日に至るまで、低学年の夏休みの宿題といえば絵日記が定番。私も絵日記には課題にするだけの意義があると思っています。

その一つが記憶力アップです。

私は夏休みの宿題としてばかりでなく、**日常的に絵日記をつける**ことをおすすめしています。絵を描く必要から観察への意識が高まるし、図鑑で確認する回数も増える。**観察し、図鑑を開いて、絵を描けば、しっかり記憶に残ります。**

お父さんやお母さんとの交換日記にすると、さらに効果が増します。絵も文章も、手本が示されるからです。文章はほんの数行でかまいません。「まねる」ことは「まなぶ」ことにつながります。

親子の交換絵日記だと、子どもは絵日記が返ってくるのを、とても楽しみにします。

ただし、絵日記をつける最低条件は、あくまでも子どもが苦にしていないことです。無理矢理やらせることはやめましょう。

## かるたやゲームでトレーニング

子どもが嫌がらないのであれば、**カードにして覚えさせる**のも悪くはありません。
また、トランプの**「神経衰弱」や、かるたを利用する**のもおすすめです。百人一首のほか、最近は星座かるたや地図かるたなど、さまざまなものがあるので、子どもが興味のある分野で挑戦してみてください。

ゲームは単に楽しいだけではなく、記憶力を磨くことにも役立っています。親子で楽しむうちに、記憶力をトレーニングすることができるのです。

## 親の質問で記憶力アップ！

日常生活で**もっと簡単にできて、しかもとても重要なのが「思い出す」訓練です。**

ときどき、子どもにその日の出来事などを質問してみてください。

質問は、５Ｗ１Ｈにのっとって具体的に聞いてください。とはいえ、難しく考えなくていいのです。

「今日の算数は何をやったの？」「帰り道、何を話してきたの？」「給食は何が出たの？」

と、こんな具合に切り出してください。ここからさらに話を展開して、子どもにたくさん思い起こしてもらいましょう。

お母さんから聞かれると思えば、子どもは伝えるために覚えようとします。覚えることへの意識が高まります。

**親子の楽しい会話の延長に、記憶力アップの近道がある**のです。

学校ではどんな花を育てたの？
花びらはこんな感じだったよ♪

質問をしたり、絵日記をつけたりすることも、記憶力アップにつながる

# 04 「しつけ」が学力を左右する!?

学力は、当然のことながら勉強しなければつきません。

しかし、勉強だけしていれば学力がつくかといえば、それは違います。

**学力につながる最大の武器は、家庭での「しつけ」です。**学力の高い子は、家庭でよく「しつけ」を受けています。

## まずは親が見本を見せる

ただ「挨拶《あいさつ》しましょうね」と言っても、なかなかできるものではありません。**子どもは、親のしていることを見て行動します。**

親が「おはようございます」「いただきます」「ごちそうさまでした」「こんにちは」など、挨拶している姿を見せましょう。子どもの見ている前で大きな声で元気よく行ってください。

改めて教えなくても、やがて子どもは挨拶をするようになっていきます。

## 入学前に身につけておくべき習慣とは？

時間厳守・整理整頓がしつけられていると、学習にも反映します。

子どもが小学校に入学して、突然「4時になったから宿題をやりなさい」と言っても、時間を守るしつけがされていないとしたら、とても難しいでしょう。整理整頓がしつけられていない子どもに、「明日の学校の用意をしなさい」と注意しても、できるものではありません。

時間厳守や整理整頓を、勉強に関わることでいきなり行わせるのはいけません。**就学前に、ふだんの生活の中で時間厳守・整理整頓を習慣化しておきましょう。**

時間を守ることが習慣化されている子どもだから、宿題をやる時間や提出する期限を守ることができるのです。整理整頓を知っている子どもだからこそ、学校の準備ができるのです。

〝宿題をする〟ために〝時間を守る〟ということは、子どもにとっては二重の負担。「入学前まではそんなことなかったのに、楽しいことを切り上げなければならない。そうすることといえば勉強」、これでは勉強嫌いになりかねません。

## 「ごまかしはいけない」とはっきり伝える

丸つけでごまかしたり、うそをついたり、カンニングをしたりする子どもがいます。

あるとき、社会的地位の高いお父さんの子どもがカンニングをしてしまいました。お父さんはそれを知り、間違ったことが許されないわが身にあって、子どもがカンニングしたとあっては申し訳ないと、仕事を辞めてしまいました。すると子どもは、父親をすっかり嫌いになりました。父親が仕事を辞めたのは、自分のせいだと言われているような気がしてならなかったのです。

うそやごまかし、カンニングに関して、親は情けなく思うあまりに子どもを追い詰めてしまいがちです。ごまかしがあったときこそ、育てるチャンス!! **怒るより、「してはいけない」と話をすることが大切です。**子どもだって、いい点を取りたいという思いがあってのこと。それ自体は決して非難されることではありません。

学校では、さまざまな要素が混在しているため、見逃されている場合もあるでしょう。ですから、家庭でしっかりと「いけないことはいけない」と教えてください。

## 単語だけで会話をしない

子どもには、**正しい日本語を使わせるように教える**必要があります。

親子でありがちなのが、単語で会話が成立してしまうことです。これでは正しい日本語力がつきません。

私の塾でもよくあるのが、消しゴムを忘れた子どもが「消しゴム」と申し出る光景。そういうとき、「消しゴムがどうしたの？」と聞き返すようにしています。

説明されなくても、消しゴムを忘れてしまったことは容易にわかります。しかし、子どもには「消しゴムを忘れたので、貸してください」と言わせるようにしています。

単語だけ言えば相手にわかってもらえる習慣は、国語力の育成を阻害します。

**幼少期から、文章で会話するようにしましょう。**単語だけのやりとりはなるべく避けてください。

05

# 早起きするだけでこんなに違う！

「朝型人間はできる」とよく言われますが、私もそう思っています。子どもには、小さい頃から早起きの習慣をつけましょう。

## 「早起き」できれば、それでOK！

小さいうちは、早起きして、すべきことまで決める必要はありません。くれぐれも、**早く起きて手伝いやドリルをするなど、決めてしまわないでください。**早起きするだけでも大変なのに、すべきことがあるとなっては二重の負担。早起きを嫌いになってしまいます。**早起きできることが大切なのです。**ですから、幼少期はテレビを見る、のんびりする、余裕をもって支度をするなど、それだけでかまいません。

## 「朝型のリズム」は将来にもプラス

早起きが必要になってからの「せねばならぬ早起き」は、決して楽ではありません。

受験生は、受験の当日早く出かけます。遅くとも9時には、難問と取り組まなければなりません。このため、多くの塾では1～2か月前から早起きの練習をさせます。脳のサイクルを意識的に変えていくわけです。

睡眠時間も確保しなくてはなりませんから、早起きのために早く寝る必要があります。それに伴い、勉強時間を夜から朝に移行します。

もともと早起きの習慣に基づいたライフスタイルなら、特にこの必要もないのでしょうが、昨今の子どもたちは寝る時間が遅いせいか、朝を苦手にしています。

**親も一緒に早起きする**などして、朝型のリズムを身につけましょう。

**早起きの習慣は、成長すればするほど、アドバンテージを実感できます。心身ともに健康で、より成長できるだけでなく、大きくなってから「時間の使い方がうまくなる」**という大きなメリットがあるからです。

成功した社長など、仕事のよくできる大人は、早起きの人が多いです。中学受験に受かる子もそう。宿題を早めに終わらせるなど、リズムとスケジュールの管理がしっかりできる子が、結局受験でもうまくいくのです。

子どもが小さいうちから、家族で協力して早起きを習慣にしてしまいましょう。

06

# その日やることを決めよう

小学校に入学したら、**その日やることを決めましょう**。1年生のときは、親が決めてしまってかまいません。「今日はこれとこれをしようね」と、子どもに声掛けしてください。

小学校2～3年生になったら、1週間でやることは親が決めてもいいですが、日々やることは、できれば子どもに決めさせます。難しそうなら、最初は一緒に決めていきましょう。

その日やることについて、親はついつい管理したくなるものです。一方で「指示をしないと動けない子どもになってしまったらどうしよう」と、迷いの生じるところではないかと思います。

## 最初は親の声掛けから

管理されることを望む子どもになるくらいなら、自由奔放なほうがいいかもしれません。とはいえ、自由奔放な子どもが自ら進んで勉強するのはまれです。親主導で進めましょう。

「はい、これやって」「終わったのね。じゃ、次はこれをやって」と、いちいち言っている方は要注意！　これでは「主導」にはなりません。「管理」です。

「今日は何をやるんだっけ？」と、子どもに予定を思い出させ、子どもが答えたら「じゃあ、おやつを食べたら始めようね」などと声掛けします。始めなければ「おやつを食べ終わったら、始める約束だったね。がんばろう」と、**あくまで水を向けるにとどめます。**

## シールや花まる、スタンプを活用する

やり終えると、子どもは「お母さん、終わったよ」と見せにくるでしょう。そのときは、必ずチェックをしてあげましょう。そして、シールを貼ったり、大きな花まるを描いたり、スタンプを押したりしてあげてください。

「幼稚園児じゃあるまいし、そんなものでいいんですか？」という声が聞こえてきそうですが、これでいいのです。ぜひ試してみてください。言葉だけでなくカタチの見えるものに、子どもはとても喜ぶはずです。

# 習い事で伸ばせる力 07

「習い事はやったほうがいいですか？」とよく聞かれます。中学受験を考えると、習い事より学習面一本にしぼって、取り組ませたほうがいいのではないかと思われるようです。

私は、**習い事をしたほうがいい**と思っています。ただ、何でもいいというわけでありません。

## おすすめは「宿題」のある習い事

その場で「楽しかったね」と終わってしまう習い事より、**持ち帰って練習する必要のある習い事**をおすすめします。

楽器はその典型です。ピアノ教室などに出かけて、先生にみてもらう。帰ってからの1週間、うまくなるようにと、先生から注意されたところを何度も練習する。

将来ピアニストやバイオリニストにならなくても、楽器のおけいこを通して、**課題をこなし上達する体験**ができます。**続けてよかった、という体験**ができます。それこそが宝です。

また、習い事に行くと、先生をはじめ他者に囲まれます。家にいるときとは緊張感が違います。これにより、集中力が磨かれていきます。

見られているから、失敗しないようにと一生懸命取り組みます。

**適度な緊張感から生まれる集中力**は、習い事をする大きなメリットです。

## 気分に左右されてはいけない

「うちの子にもピアノを習わせていますが、すぐ飽きて席を立ってしまいます」という声もしばしば聞きます。

**習い事は、続けることに意味がありま す。**子どもが飽きて「今日はもう練習しな

習い事をがんばると、継続する力や集中力が身につく

い」「もうピアノやめる」と言ってきたときの親の対応の善し悪しが、大きく関係します。持続力は、家での向き合わせ方次第です。

「今日はやりたくないからやらない」という子どもの発言を、容認してはいけません。気分が乗らない日でも、とにかく向かわせてください。気分に任せていては、せっかくの習い事も意味がなくなってしまいます。

習い事だけでなく、たとえばドリルを毎日2ページずつこなすことを親子で決めた場合でも同じです。「今日はやりたくないから明日4ページやる」と、子どもなりに考えた発言であっても、熱があって寝込んでいるような場合を除き、今日の分の2ページに取り組ませましょう。

習い事が、気分で動いてもいいことを覚えさせる機会になってしまっては本末転倒です。**習い事を通して、感情のコントロールを教えてください。**

## 学校以外の新しい友人関係を築く

共通の趣味を通してできた友人とは、楽しい関係が築きやすいもの。これは、大人も子どもも同じです。学校の友人とは別の**新しい関係は、子どもにとっても大いに刺激となり**

ます。

切磋琢磨《せっさたくま》し合えるよきライバルとの出会いは、力になり財産になります。

習い事を通して、自分の感情をコントロールし、向上心を抱き、前向きに取り組むことを学ばせてください。やがて迎える中学受験も、たくましく乗り切れることでしょう。

新しい友だちやライバルの存在は大きなメリット

08

# 家の外でも勉強はできる

親子でのお出かけは楽しいひとときです。でも、せっかく連れて行ったのに、行った場所を子どもが覚えていない、ということはよくありますよね。そこは、あまり期待しないほうがいいのです。

とはいえ、せっかく出かけたので多少でも覚えていてもらいたいのが親心。それには、デジタルカメラやスマートフォンを使って撮った画像を、面倒でも紙焼きしてアルバムに貼りつけるのが一つの手です。

最近は、思い出のシーンをデータで保管している家庭が多いかと思います。しかし、子どもはデータで見るより、アルバムのほうが、自分一人ですぐに手に取ることができて扱いやすいです。好きなときにくり返し見ることができ、思い出すことができます。

アルバムになったオリジナルの見学記が、ちょうど図鑑のような働きをしてくれるのです。

## 日常とは違う世界を見せる

日常生活では触れることのない世界へ連れ出すと、子どもの好奇心を

**刺激することができます**。工場見学、実験教室、キャンプ教室、神社仏閣巡りなどです。

工場見学には、試食やお土産などのお楽しみも多い一方で、人の話を聞く時間もあります。子どもには難しくて理解できなくても、我慢して聞くという訓練の場になります。

実験教室で私がおすすめしたいのは、公民館などで開催される無料の実験教室。定年退職された中学校や高校の先生が行っていることも多く、シンプルで実にわかりやすいからです。

最近の実験教室でありがちなのが、実験後にレポートを提出させること。私は、小学生には必要のない作業だと思っています。それより、実験後に先生が理系的な説明をしてくれる教室に参加しましょう。仮に**難しい言葉が出てきても、正しい知識を聞いておくことが大切**だからです。

キャンプ教室で、親と離れて生活することも、よい経験になります。せっかくのキャンプなのに、親が子どもの宿泊先の隣接ホテルに滞在し、子どもの様子をうかがうという話も聞きますが、心配しすぎは子どものためになりません。

植物や昆虫に触れたり、美しい星空観察をしたりしている子どもに思いを馳せ、たくましくなって帰ってくる子どもを笑顔で迎える勇気も必要です。

## 買い物をしながら学ぶ

日常的には、子どもと一緒にスーパーやホームセンターへ行ってみてください。スーパーは、旬の野菜や果物、魚を教える宝箱です。

筑波大学附属駒場中学校の入試問題に、ハマグリとアサリを見分けさせる問題が出たことがありました。日頃から親と買い物に行き、食品を観察していないと、答えるのが難しい問題です。

ホームセンターも宝の山。店頭に並んでいるさまざまな工具などを一緒に観察して、使い方を想像させたり、教えてあげたりしてください。

かつて武蔵中学校の入試問題にも、ビスの違いを問う出題がありました。小さなビスには、頭部が平らなものと、丸みを帯びたものがあります。なぜそのような違いがあるのか、子どもに理由を考えさせます。きっといろいろなアイデアを言ってくるでしょう。すぐに答えを教えず、アイデアが出尽くした後に、正解を言ってあげてください。

## 旅行も学びのチャンス！

長期の休みに行く家族旅行のプランは、親子で考えましょう。胸ふくらませながらプランを練る中で、歴史的建造物や、名所旧跡、地図の見方などを学習します。「そんなに行きたいところがあって、一日でまわれるの？」と注意喚起すれば、子どもは移動手段や移動時間について調べ直すでしょう。

旅行に行くと決まったら、**プランを立てるときから親子のお出かけは始まっています。**楽しみながらいろいろなことが学べ、自然に身についていきますよ。

また、ドライブに出かけるとき、車の中で子どもは手持ち無沙汰にしています。車に乗っているときは、子どもにたくさん話しかけてください。

見えてきた建物を説明する、見えている雲について話をする、車のナンバーで計算遊びをする、英単語でしりとりをするなど、親の得意なことでいいのです。**目と耳と頭をフル活動させる時間を工夫してみてください。**

子どもには、さまざまな経験・体験をさせるとともに、どんなときも**親子の会話をたくさん持つことで、より多くを学び、知識を定着させることができます。**

# ご褒美をうまく活用しよう 09

子どもが課題をこなしたときに、ご褒美《ほうび》をあげていいものかどうか、よく相談されます。

私は、**ご褒美はあげていい**と思っています。

ただ、「僕は100点取るために勉強がんばる」と自分から勉強に意欲を見せている子どもには、ご褒美の必要はありません。

効果的なのは、「ドリルやりたくない」などと、ぐずぐず言っている子どもに対してです。

## 最初は「ご褒美目当て」でいい

「そっか。じゃあ、これ1冊終わったら、一緒に遊園地に行こう」など、子どもの好きなこと、好きなものをご褒美として提示します。

子どもは遊園地に行きたいので、がんばります。

ご褒美目当てで勉強しているにすぎないのではないかと、心配するお父さんやお母さんがいるかもしれません。

たとえ**ご褒美目当てであっても、ドリルを1冊やり終えたなら、最初**

のうちはそれでいいのです。

## ご褒美に必要なルールとは?

**ご褒美は、やる前に提示して〝目標〟にさせるのがいい方法です。**

ドリルを1冊やり終えた子どもに「あら、がんばったわね。ご褒美に遊園地に行こうか」というご褒美は必要ありません。ご褒美がなくてもがんばれる子どもだからです。

また、ふいをつく罰《ばつ》もやめましょう。「そうやっていつまでやらないなら、今日からおやつは抜きよ」などと言ってしまうことはありませんか。子どもにしてみれば、嫌いなドリルに取りかかってみたところで、おやつはない。「じゃあ、もうやらない」となりかねません。

ご褒美は、**親子できちんとルールを決めておきましょう。**

# 10 成功する子は外で遊ぶ

小さい子どもを見ていると、全身を使って字を書いているのがわかります。

最近はパソコンで書類や資料を作ることがほとんどなので、大人がたくさんの字を書く場面はあまりありません。でも、思い出してみてください。字をたくさん書くと、腕や手首が痛くなって振った覚えがありませんか。

文字を書くには、体力が必要です。**受験も体力です。第一志望の学校に合格している子どもは、体力のある子どもが多い**のです。学校を病気で欠席することはまずありません。

## 外遊びでストレスに強くなる

外遊びは、筋肉を発達させるとともに、ストレスとの向き合い方も教えてくれます。

あるお母さんが、こんな話をしてくれました。

「うちの子は、『母さん、ストレスたまったから、ひとっ走りしてくる』

と言って、近所を走ってきます。帰ってくると、『ああ、スッキリした。じゃまた始めるね』と言って勉強しています」

この子どもは、小さいときから体を動かしてきたのでしょう。**体を動かすとスッキリすることを経験で知っている**のです。

これは急にできることではありません。体を動かす習慣があればこそのこと。受験生になってから、「ストレス発散のために走ろう」「気分転換にキャッチボールをしよう」などと誘っても、子どもにはかえってストレスとなり、疲労感を増すだけです。

幼少期から、体を動かす楽しさを覚えさせましょう。筋肉や骨格を鍛えるためにも、どんどん子どもを外で遊ばせてあげてください。

習い事として運動を行うのも、一つの方法です。

小さい頃は、体を動かすことが目的です。子どもが行きたがらない場合は、執着せず運動の種類を変えてみましょう。

**子どもが体を動かしたくなる環境を整えることが大事**です。

## 「かくれんぼ」で伸ばせる算数の力とは？

習い事に通わなくても、もちろん体を動かすことはできます。昔から子どもたちに受け継がれている外遊び。たとえばかくれんぼはどうでしょう。かくれるときは、鬼から自分の姿が見えているか、見えていないかを考えます。見つからないよう、鬼の目を想像して自分の位置を決めます。このとき子どもたちは、**他者の視点に立ち、頭の中で空間をイメージしているの**です。これは、後に算数で求められる頭の作用と同じです。

かくれんぼの効用、などというと堅苦しい話になりますが、遊びながら他者視点と、空間をイメージする力が養われているわけです。

## サッカーと学力の関係

鬼ごっこ系の遊びは、ただ走り回っているように見えます。脚力養成になることはすぐわかります。しかし、それだけではありません。**瞬間的判断力を養います。**

どちらに逃げたら有利か、相手はどこが追いかけにくいかなど、走りながら相手の様子を観察しつつ、瞬間的に判断していきます。

走り回る運動の延長に、たとえばサッカーがあります。少年サッカーチームの中心選手には学力の高い子どもが多いのですが、この瞬間的判断力がものをいっています。

算数の得意な子どもは、瞬間的判断力に優れています。**覚えた公式のどれを駆使して解答するか、瞬時に判断できる**のです。

瞬間的判断力も場数を踏んでパワーアップ。走り回る遊びには、こんな側面もあるのです。


学校の昼休みや、長めの休み時間に、外で遊ぶようにするだけでも違います。授業の合間に体を動かすと、たまったストレスが発散され、以降の授業に新鮮な気持ちで臨むことができます。

ダラダラ遊んでいたのでは、逆にストレスがたまることさえあります。**全力で遊べる子は、全力で勉強できます。**遊ぶときは思い切り遊べる子どもでいてほしいものです。

# 第2章

# 低学年のうちにやってはいけないこと

11

# 先取り学習は逆効果

勉強には、適切な時期があります。適切な時期に適切なことをやることが大切です。むやみに先取り学習をさせたがる方もいるようですが、私は反対です。

最近は、さまざまな場面で〝思考力〟がキーワードになっています。

親も、子どもに思考力をつけさせたいと願います。

「お父さん、ここわからない」

「何でもかんでもすぐ聞きにこないで、自分で考えてごらん」

こういう会話をしていませんか。

一方で、明日着る洋服はお母さんが子どもの枕元に用意してしまう。

これらは、思考力をつけるための声掛け・行動とは正反対なのです。

## 「先取り」よりも基礎の反復

低学年のうちは、算数と国語を徹底的にやるべきです。理科や社会は覚えることが多いので、早いうちから始めて覚えてしまえば、後々有利な展開になると考えがちですが、その必要は全くありません。それより計算や漢字など、算数と国語に関する基礎をくり返しくり返し行って、確かな力にしていくのが正しい学習の順序です。

先ほどの親子の会話では、お父さんは思考力を養わせたいという思いから、子どもに自分で考えるように促したと思います。しかし、低学年に学習面で思考力を身につけさせる努力は必要ありません。基礎力がついていれば、やがて思考力はきちんと備わってくるからです。

## 生活の中で「思考」させる

低学年では、生活面で思考力を鍛えます。明日の洋服をお母さんが用意してしまうのではなく、本人に用意させましょ

先取り学習よりも、生活の中で考えさせる

う。ただし、一人では難しいので一緒に行います。

「さっき天気予報でなんて言ってた？」

「明日は今日と違って雨模様で肌寒いって言ってた」

「じゃあ、どんな洋服を用意しようか？」

「う〜ん。じゃあ、明日は長袖のTシャツにする」

「母さんもそれがいいと思う」

こんな具合です。

## 好奇心を喚起するために、あえて学ばせない

理科や社会は早くからやる必要がないと述べましたが、それは好奇心を失わないためです。

子どもが**「もっと早く知っていればよかった！」と思うことがあったとしたら、それが学ぶ時期として最適だった**と思ってください。好奇心に満ち溢《あふ》れているからです。

早々に知識として知ってしまっていると、学校や塾でいざ学んだときに好奇心が喚起されず、当然感動もありません。学ぶモチベーションも喪失し、受験の時期にかえって得点

を上げることができないという事態に陥《おちい》ります。

好奇心がないと1年かかってしまうことも、好奇心があれば1か月で身につくものなのです。好奇心をうまく刺激して、適切な時期に適切な学習をしましょう。



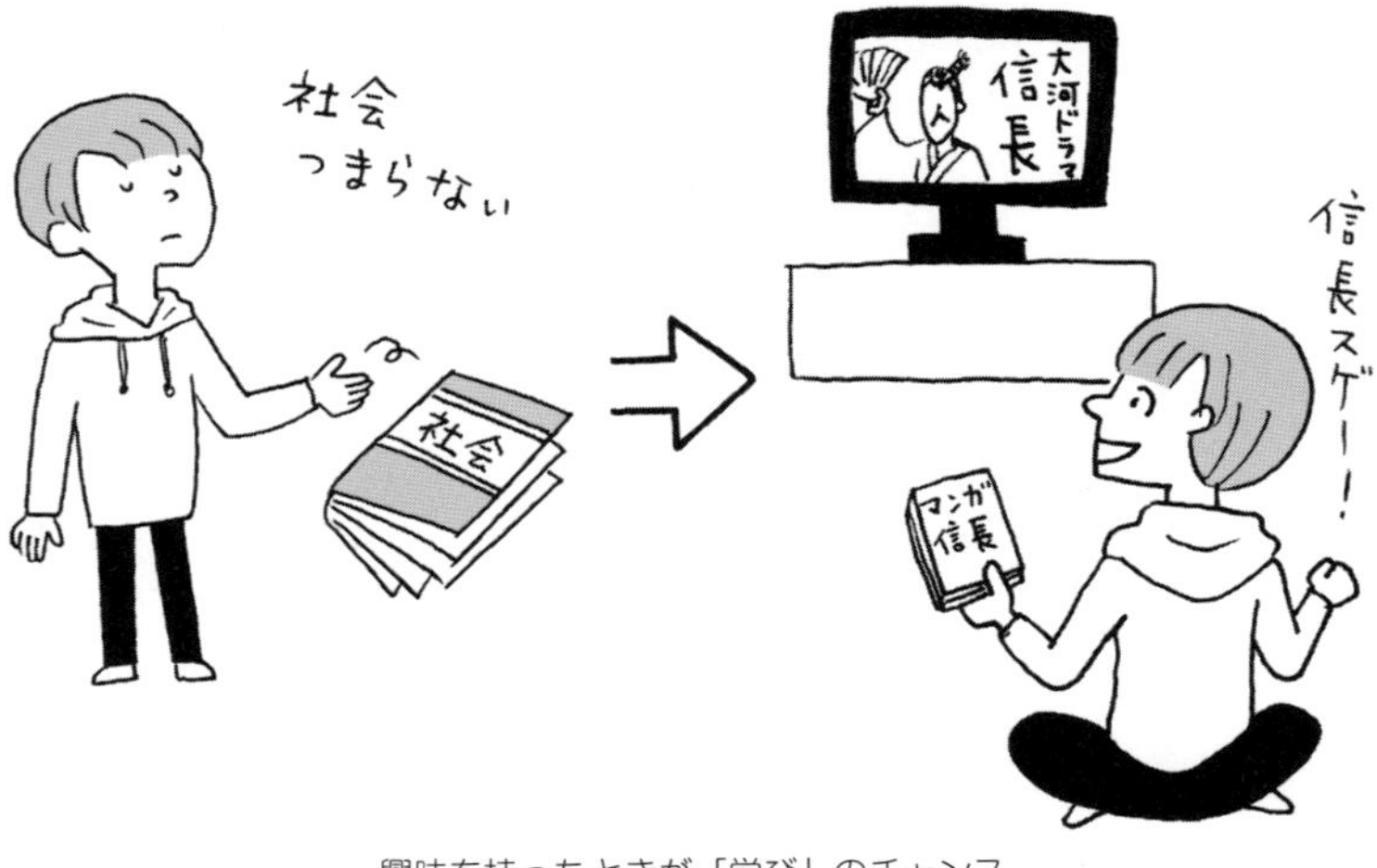


興味を持ったときが「学び」のチャンス

# 12 「よかれと思って」は余計なお世話!?

低学年のうちに「つるかめ算」や「和差算」を教えてしまう塾もありますが、私は文章を読んで分析する必要のない**図形や数の性質、あるいはパズルを学習するほうが適切**だと思っています。

## むやみに「先取り」しない

「つるかめ算」などは、本来なら文章を読んで理解し、分析すべきものです。しかし、まだ十分な読解力が身についていない低学年で学んでしまうと、解き方を暗記して答えを出すことを覚えてしまいます。

そんな習慣がつくと、**文章をじっくり読んで理解し、分析して解答していくことを面倒に思うようになる**かもしれません。

少しでも早い時期から解けるようになっていたほうがいいという親心は、このように思考力の妨《さまた》げになることもあります。

読解力を養成しつつ、じっくり取り組んでいきましょう。

## 大切なのは「思考力」

「方程式を教えてしまえばすぐに解けるし、間違いも少なくなる」と、方程式を教えてしまう家庭もありますが、これも必要ありません。

なぜなら、そもそも思考の方向が違うからです。

方程式は、答えがあることを前提に、さかのぼって解答していきます。算数は逆です。苦労して書き出して、答えを導き出していくものです。

苦労して書き出し、試行錯誤して解答に至る、この算数の解答過程こそ、後々大きな力になります。

**思考力を養うせっかくの機会を、方程式を教えることで奪ってしまう**のはやめましょう。

# 13 競争を避けてはいけない

競争については、過度であったり煽《あお》り立てたりしてはいけません。ただ、自分から「○○君に負けたくない」と思うとしたら、それは子どもの伸びにつながっていくので、歓迎すべきものとして受け止めましょう。

## 「すごい」と思うことで他者を意識する

「うちの子どもはおっとりしていて、人を意識することなくマイペースで、競争なんて気持ちは全くなさそう」もしお母さんがそう感じているのなら、今はそれでいいのです。ここから、次のステップとして他者を意識させるようにしましょう。急に友人を意識させるのではなく、近所のお兄さんやお姉さんを目標に「お兄さん、すごいね」という会話からでかまいません。

ただし、他者を意識して、足を引っ張るような競争をさせてはいけません。**他者を意識することが、「すごい」という思いから起こるような競争心を育ててください。**

## 競争に負けたときこそ大人の出番

子どもは競争に負けると、悔しくて泣くかもしれません。そんなとき、親は子どもが自分で乗り越えるしかないと、子どもが立ち直ることを待ってしまいがちです。

これは間違いです。

都内の中学受験をする子どもの多くは、その前に埼玉県や千葉県の学校を受験します。ある子どもが、都内第一志望の受験を4日後に控えて、落ちるはずもないと思っていた中学校に落ちてしまいました。

「先生。この子、切り替えられるでしょうか」と、お母さんが相談にきました。

切り替えられるかどうかを待っていてはダメです。**親や教師が切り替えさせてあげなければいけません。**親が、自分が切り替えた経験を語ったり、「おじいちゃんはね……」と祖父の話をしてあげたりと、何か切り替えに成功した逸話などを話してあげてください。

**「次がんばろう」という気持ちを抱くことを、親が教える**のです。子どもには、親が正しい感情を教えてあげなければいけません。

# 14 無意味にほめるな

よく「ほめて育てよう」という言葉を耳にします。もちろんそれを否定するつもりはありません。ただ、ほめ方があります。何でもかんでもほめればいいというわけではありません。

## 好きなことをやっているときはほめない

子どもが好きでやっていることは、そもそも得意なことです。子どもはできるから好きなのです。ですから、好きなことでほめても子どもはそんなにうれしくないし、ありがたみも感じないのです。

苦手なこと、嫌いだったはずのことでがんばったときが、ほめるべきときです。

## 結果のみをほめない

「100点取って偉かったね」「入賞してすごかったね」「ピアノの発表会、間違えずに弾けて立派だよ」このようなほめ言葉は、結果しかほめていないので、よくありません。

親は、心の中では「よく勉強したから100点を取れた」とは思っているでしょう。だとしたら、それを言葉にしてください。

**結果のみをほめられていると、子どもはほめられることを目標に行動するようになってしまいます。**

## 努力したプロセスをほめる

ほめるときは、プロセスを具体的にほめてください。

「いつも3ページだったドリルを5ページやるようになったのがよかったんだね」「本物に近づきたいって、絵の具を何色も混ぜて工夫したのが先生に伝わったんだね」「30分の練習を35分までがんばったのがよかったのよ」と、こんな具合です。

些細《ささい》なことでいいのです。本人が**それまでと違った何かをしたことを見つけて、評価してあげましょう。**

大人でもそうですが、努力をほめられると、次への勇気とやる気が湧いてくるものです。

# 15 ゲームをするなら「頭を使う」もの

今や、大人も子どもコンピュータゲームを楽しむ時代。囲碁《いご》や将棋《しょうぎ》、オセロやトランプをやる子どもは、昔より減りました。

コンピュータゲームは、操作のうまい・下手によるところが大きい世界です。上手に手や指を動かすことができればクリアしていけます。

囲碁や将棋はどうでしょう。対戦相手の作戦や心理を読まなければ、勝つことはできません。相手の戦略をお互いに読み合って勝負します。**対戦により、先を読む力や相手の意図を読む力が養われる**のです。また、戦略を練るための基本を習得しなければなりません。

## 囲碁・将棋は算数と同じ!?

囲碁には定石《じょうせき》、将棋には定跡《じょうせき》があります。この基本を知らずに、その場の思いつきで進めても、なかなか勝つことはできません。まずは、定石・定跡を覚える必要があります。覚えたうえで、いざ対戦。相手の戦略を読み、定石や定跡を運用し、作戦を立てて、打ったり指したりしていきます。

パターンを覚え運用を考え、解答を仕上げていく、それは算数の世界さながらです。**自由な発想やひらめきは、土台があって初めて実のあるものになる**のです。

## 「基本」が何より大切

ピカソの作品は、自由な発想で描かれたように見えます。しかしピカソは、立体を平面に落とし込む方法をしっかり学んだうえで描いています。だから、人の心をとらえるのです。基本を知らずに描いているとしたら、それはただのデタラメ。だれも感動することはありません。

囲碁・将棋は、まず定石あるいは定跡を覚えるところから始まります。オセロやトランプも同じです。相手がいます。相手がどう出るか、先を読み、今後の展開を考えます。同じ時間を過ごすのに、コンピュータゲームとは全く違います。一方は手、もう一方は頭を使っているのです。どうせゲームをするなら、**「頭を使う」**ものにしましょう。

# 16 否定的な口グセはNG

子どもが突然「お母さん、バレエ習いたい！」と言ってきたとき、「えっ、**無理でしょ**」「**どうせ続かないわよ**」などと対応していませんか。お母さん自身、気づいていないかもしれませんが、つい出てしまう口グセです。

ケアレスミスで減点された答案用紙を見て「**やっぱりね**」、塾に通っているのにテストの結果が悪かったとき「**いくらかかっていると思っているの**」という対応も同様です。

親のこうした発言で、子どもは自己肯定感を持てなくなります。口グセは、自分では気づきにくいもの。これらのような発言に思い当たるとしたら、次からは心して、言わないように気をつけてください。

## ため息をつかない

口グセのほかにもう一つ注意したいのが、ため息をつくこと。ついつい出てしまうのでしょうが、親がため息をつくと子どもはとても切なく、つらい思いをします。ため息は、聞かせた分だけ心の余裕を削り取るといわれています。

**ため息をつかないように意識して、言葉できちんと伝えましょう。**

くれぐれも「お母さん、イライラしているんだけど、なんでだかわかるよね」「3回ため息ついたの、気づいた？」などと、追い討ちをかけないようにしましょう。

## 意識して子どもの能力を伸ばそう

「いつもの計算ミスでしょ」「やっぱりね」「どうせまたケアレスミスよね」「バレエはあなたに向いていないわ」

こういった発言は、子どもを否定的にとらえています。これでは子どもは委縮して、伸びるものも伸びません。

「あら、計算ミスが今回は1題だけ？　すごいわ」「最近ケアレスミスが減ったね」「このところ柔軟性がついてきたんじゃない？」

どんなに小さなことでもいいので、**子どもをほめる材料を見つけて、声に出して伝えてあげてください。**子どもの努力をきちんと受け止め、ほめてあげれば、だんだんできるようになってきます。

# 17 〝諦めない〟子はそれだけでスゴイ

私の塾は少人数制をとっているので、個別に問題を出すこともしています。その場合は、個々に落とし穴を作った出題をします。子どもたちはみんな、予想通りそれぞれの落とし穴にはまります。

**ここで這《は》い上がれるかどうかは、10歳までの教育で差が出ます。**

諦《あきら》めずに這い上がれるのは、これまでに鉛筆と消しゴムをたくさん使って試行錯誤をくり返し、「わかった！」という体験を積んでいる子どもです。高学年になってから「諦めないでやりなさい」と声を掛けてみたところで、もう遅いのです。**諦めないことを覚えさせるのは、低学年のうちです。**

## ピンチをチャンスに変える言葉

パズルを解いていた子どもが、少ししたらわからなくなって飽きてしまったとします。くれぐれも「飽きっぽい子ねぇ」などと言って、その場で子どもを見捨ててしまわないでください。この**「諦めそうになったとき」こそ、「諦めない子ども」を育てるチャンス**です。

ヒントをあげたり、ここまでやったら休憩しようと声掛けをして、再度取り組ませましょう。またつかえたら、ちょっとヒントをあげて、再び考えさせてください。こうして完成まで導きます。そして、「あなたは諦めない子ね！」と声を掛けてあげましょう。

## 「できた！」と思わせる

完成すれば、子どもは「できた！」と、とても喜びます。この**「できた」という思いを味わわせることが、諦めないことに通じます。**

子どもは**できるから好き**なのです。**好きだから諦めずに続けられる**のです。

子どもが「うまく弾けるようにならないから、もうピアノはやめたい」と言ってきたとします。「ピアノ大変だよね。あっ、ほら、あれ弾いてよ。お母さん聞きたいな」などと言って、子どもが上手に弾ける曲を弾かせてみてください。

「上手に弾けたわね。あなた、ピアノうまいじゃないの。この曲は、確か前に一生懸命練習したよね」などと、得意な気分にさせるのです。

子どもが諦めそうになったときは、できたという喜びを感じられるよう、導いてあげてください。その導きによって、諦めない子どもに育っていきます。

# 試行錯誤して自分で考える 18

1、2、3の三つの数字を使って3ケタの数字を作るとしたら、何通りできますか。

これは「場合の数」についての問題です。計算すればすぐに答えを出せますが、私の塾では、最初は書き出させます。簡単な問題でも丁寧に書き出すことで、難しい問題への対応力が磨かれます。

## 「書き出す」ことで伸びる力

次のページのような東大の入試問題では、もちろん数学的論理的に考えて答えを出すことはできますが、書き出したほうが簡単です。この年に合格した塾生にどうやって解いたか聞いてみたところ、やはり「書き出しましたよ」との答えでした。

数学的に解けば左のような考え方になりますが、m＝1、2、3、4、5、6、…と順に代入して書き出していけば、「2」がカギを握っていることにすぐ気づきます。

**東大の入試問題にも、書き出したほうが容易に解答できる出題がある**

問

m を2015以下の正の整数とする。$_{2015}C_m$ が偶数となる最小の m を求めよ。

〈数学的な考え方〉

$$_{2015}C_m=\frac{2015\cdot2014\cdot2013\cdots(2015-m+2)(2015-m+1)}{m(m-1)(m-2)\cdots2\cdot1}$$

$$=\frac{2015\cdot2014\cdot2013\cdots(2015-m+2)}{(m-1)(m-2)\cdots2\cdot1}\times\frac{2016-m}{m}$$

$$={}_{2015}C_{m-1}\cdot\frac{2016-m}{m}$$

$_{2015}C_m$ が偶数かつ $_{2015}C_{m-1}$ が奇数であることの必要十分条件は

$\frac{2016-m}{m}$ が偶数であること、すなわち $2016-m$ が $m$ よりも素因数 $2$ を多くもつことである。

$$\frac{2016-m}{m}=\frac{2016}{m}-1$$

$\frac{2016}{m}=\frac{2^5\cdot3^2\cdot7}{m}$ を奇数にする最小の $m$ は $m=2^5=\underline{32}$

第2章 低学年のうちにやってはいけないこと

のです。ただ、書き出すことを学んでいないと、高校生になって急に「書き出しなさい」と言われても、億劫《おっくう》だし焦燥感《しょうそうかん》にかられると思います。幼少期は書き出すことを教えましょう。**書くことが、考えるためであることを覚えさせる**のです。

## 頭よりも手を動かすことを教える

私の塾では、低学年ではもっぱらパズルをやります。子どもたちは、消しては書き、書いては消し、消しゴムのカスがたくさん出ます。このくり返しで、子どもたちは書き出す訓練をしています。こうして**試行錯誤したり、書き出したりしているうちに先が見えてくることを体感**しています。

最初は、頭で考えようとする子どももいます。そこで手を動かし、鉛筆と消しゴムをたくさん使うよう声掛けします。書き出して答えを導くことを教えます。

家庭でも、たくさん書かせてください。解ける問題しか解かないような子は、この経験が不足しています。書いては消しての試行錯誤をくり返しているうちに先が見えたときの、子どもの目の輝きは本当に美しいです。

低学年の頃に書き出して試行錯誤することで、難問も解けるようになる

# 第3章

# 低学年での勉強のしかた

# 19 親と子の正しい読書

「読み・書き・そろばん」とは、教育目標を実にシンプルに表現した言葉です。

相手の伝えたいことを正確に読み取り、自分の伝えたいことを正確に表現し、数字を把握して正確に計算できること、というのがこの言葉のおおむねの定義です。

ここではまず、「読み」についてお話しします。相手の伝えたいことを正確に読み取れるようになるには、どんな準備をしていったらいいのでしょうか。

## 押しつけるのは逆効果

多くの親が、小さいうちから読書の習慣をつけさせたい、読書好きの子どもにしたい、と願います。ここで、親がしてしまいがちなことがあります。

それは、書店で子どもに好きな本を1冊選ばせて読ませること。子どもにしてみれば、自分が選んで買ってもらった本だから、読まなければいけないというプレッシャーがかかります。一方親は、読まずに置いてあろうものなら「自分が好きで選んだ本なのに、なんで読まないの！」と言いたくなります。

**本を〝読まなければならないもの〟にしてしまっては、子どもは読書を好きになれません。**

## 気軽に触れ合うことから始める

また、親は課題図書を読ませなければ、と思っているかもしれません。私は、子どもが好きなものでいいと思っています。

本好きな人の多くが、子どもの頃、家に本がたくさんあったといいます。たくさんの本の中から、題名や表紙が気になって、手に取りパラパラ眺めているうちに読み始める。いざ読んでみたら、つまらないので途中でやめて、棚から別の本を選んでみる。子どものうちは、このような感じで十分なのです。

**〝本との触れ合い〟を、窮屈に考えてはいけません。**読書を堅苦しく考えず、まずは子どもが本に触れる環境を作りましょう。

## 図書館へ出かけよう

物理的にも経済的にも、家庭に本をたくさん置いておくことは難しいので、図書館を大いに活用しましょう。図書館には、定期的に足を運ぶことをおすすめします。子どもが読みたいと思った本を、可能な限り借りてあげてください。

気をつけてほしいのは、返却期限がくるまでに、全部読ませようなどと思わないこと。**読めなかった本や途中でやめた本があったとしても、いっこうにかまいません。**〝本に触れること〟、これが大切なのです。

## 登場人物になりきってみる

少し大きくなったら、子どもに好きな本を読み聞かせてもらいましょう。

国語の教師になった友人から、興味深いエピソードを聞きました。彼が小学3年生のとき、国語の授業で教科書を「つっかえ読み」させられていたそうです。「つっかえ読み」とは、つっかえたらその箇所から次の人に替わって読み進んでいく音読法です。友人はつっかえるのが悔しくて、家で何度も何度も音読を練習したそうです。まもなく国語の成績が上がって、びっくりしたと話していました。これはズバリ、音読の効果だと思います。

慣れてきたら、声色を変えて読み聞かせてもらいましょう。芝居ごっこの要領です。

登場人物の気持ちを考えなければ、声色を変えることはできません。国語の試験で問われる心情読解と同じです。

音読がうまくなれば、おのずと精読や速読ができるようになります。

登場人物になりきって音読すると、国語の力が伸びる

# 説明文に挑戦してみよう 20

幼少期の子どもが読む本は、物語がほとんどです。説明文に触れることはあまりありません。しかし、大人になると逆転します。日常的に読むものといえば、むしろ説明文になります。

物語だけでなく、説明文も読ませるようにしましょう。

## 図鑑やガイドブックも立派な教科書

ここまで、折に触れて図鑑を開くように伝えてきました。写真を見て確認するだけでなく、数行書いてある文章も読ませましょう。**説明文との出会い**です。

学年が上がったら、『中学入試に出る植物完全攻略』（学研教育出版）など、通常の図鑑よりも文章が長いものをおすすめします。これらはまさに説明文なので、理科の知識をつけながら、説明文を読む機会になります。

また、旅行好きの家庭であれば、旅行ガイドブックを読むのもいいでしょう。旅行の計画は親子で立てるとよいと述べましたが、ガイドブックを開いて一緒に説明文を読み、計画を立てていきましょう。

ガイドブックに限らず、世界遺産、そのほか社会分野のさまざまな資料集も、説明文を理解するところから、知識を増やしていきます。

図鑑やガイドブック、資料集などを、〝見るもの〟としてではなく、〝読むもの〟としても、大いに活用してください。

## 大人向けの本にも触れる

近年は、物語以外にも、子ども向けの本が数多く出版されています。小学生レベルの語《ご》彙《い》と表現で、子ども向けの内容にまとめられています。

かつてはこういった本がなく、子どもたちは大人の本を読み解いていくしかありませんでした。難しい言葉が使われた難解な内容でも、好奇心を満たすためには、そこから知識を得るしかなかったのです。しかし、そのおかげで説明文の読解力もつきました。

子ども向けの本では、子どもの世界に安住しかねません。時には背伸びも必要です。

100ページの【学年別 小学生に読ませたい本】も参考にして、いろいろな本に挑戦させてください。

# 21 毎日少しの日本語を書く

自分の伝えたいことを正確に表現できるようになる「書き」の能力をつけるために、日々できることがあります。いくつかご紹介しましょう。

## 丁寧な字は必要なときだけでいい

低学年のうちは、漢字の練習から始めましょう。学年が上がるにつれ、ことわざや慣用句も書く練習をします。

子どもの字の汚さに悩まされているお父さんお母さんも多いのですが、**いつも丁寧に書く必要はありません。**こういうときは、「自分の名前だけ」などとポイントを決めて、丁寧に書かせる練習をしてください。あとはうるさく言わなくていいのです。

また、きれいであること、上手であることを求めてはいけません。声掛けは「丁寧にね」だけにしましょう。

超難関中学校の入試問題では、止め・ハネまで丁寧に書くよう指示されますが、**いざ求められたとき、必要に迫られたとき、正確で丁寧な字が書ければいいと思います。**

常に全部を丁寧に書かなくても大丈夫だというのには、ほかにも理由があります。丁寧にゆっくり書いていると、書く作業に気を取られて思考が止まってしまったり、思考の速さに書くスピードが追いついていけず、思考を遮《さえぎ》るおそれがあるからです。**頭の高速フル回転を、手の動きで止めてしまわないようにしましょう。**

## まずは絵日記で短い文章から始める

「書き」の能力をつけるために、**絵日記をつけるのも効果的です。**絵を描くと同時に文章も書くので、多面的に力を伸ばせます。

親はどうしても、たくさん書かせたほうがいいのではないかと思いがちですが、低学年のうちは短文で十分です。

4がつ25にち
お母さんとスーパーに行きました。みかんがたくさんありました。おうちに帰って
お父さんといっしょに食べたいな。

はじめのうちは、これでいいのです。たくさん書く必要はありません。そのかわり、無理のない程度に**毎日書かせましょう。**

こうして毎日書いていると、だんだん文章量も増えていき、長い文章も書けるようになっていきます。

くれぐれも、たくさんの長い文章をきれいな字で書かせようなどと思わないでください。

速く書く字と、丁寧に書く字を使い分ける

# 22 10歳までの計算練習

ここでは「そろばん」、つまり計算についてお話しします。

「10歳の壁」というのを聞いたことがありますか。一般に「10歳の壁」とは「抽象的なことや文章題で挫折すること」ですが、私は反復練習にも壁を感じます。**10歳までなら反復練習の習慣が身につきやすい**です。ところが10歳をすぎると、作業をくり返すことが苦痛になってきます。10歳をすぎてから反復練習を習慣化するのはとても難しいです。

現に私の塾でも、10歳までは30分間の計算練習をすることができた子どもたちが、10歳をすぎる頃からは、30分間の計算練習をしていられない、ということがたびたび見受けられます。

## 10歳までに分数のかけ算・わり算を反復練習する

では、具体的にどこまで計算ができるようになっているのが望ましいかというと、分数のかけ算・わり算までです。

分数のかけ算・わり算は、学校では小学6年生で習います。しかし小学6年生は、反復練習を苦手とする年齢に達してしまっています。新しく計算を習っても、黙々と練習をするのはちょっと苦痛。どうしても練習が不足して、得意にはなりにくいものです。

市販のドリルを使うなり、親が問題を作るなりして、小学4年生までにどんどん練習していきましょう。

## 理屈ではなく、ひたすら練習する

分数のわり算は、分母と分子を逆さにしてかけます。なぜそうするのかを理解するのは非常に難しく、6年生で習っても完全には理解できません。

ですから、小学3年生で分数のわり算を習うときも、「なぜ逆さにするか」はほどほどの理解で十分です。それよりも「逆さにしてかける」練習をしっかり行い、分数の計算を得意にしましょう。

小学4年生までに分数のかけ算・わり算をしっかりマスターしておけば、この先の算数の学習がとても楽になります。

# 23 算数はパズルから始めよう

私の塾では、低学年の算数はパズルに取り組みます。

パズルには、大きく三つの効果があります。一つひとつ見ていきましょう。

## ①学習面で「試行錯誤」体験

生活面で試行錯誤をすることが大切だという話を第2章で述べましたが、それは学習面でも同じです。パズルは、机に向かってする試行錯誤体験です。**試行錯誤の結果「できた」という成功体験の積み重ね**があれば、高学年で算数の難題に当たったときにも、慌てることなく挑戦できます。

もちろん、試行錯誤をおそれない姿勢は、算数以外の科目にも生きていきます。

## ②問題文を読まずに解ける

算数がよくできる子の親から、先取りをさせたいという相談をよく受けます。先取りの算数になると、読解力を要する問題が増えていきます。算数が得意でも、低学年のうちは読解力が追いついていません。算数の先取りが難しいといわれるわけは、ここにあります。

その点パズルは、問題文を読まずに「考える力」を磨くことができます。**読解力がまだ不十分でも、全く問題なく進める**ことができるのです。

## ③算数の解法の準備

パズルを完成させるには、当然のことながら、ルールを把握し、その範囲で工夫をします。これは、算数の問題を解くのと同じ流れです。算数は、公式や決まりを覚え、それらをどう使うのか考え、正解を導きます。**パズルは、算数の世界の入口といえます。**

親子で楽しみながら、算数の土台となる力をつけましょう。

# 24 成績が上がる勉強場所はココだ！

小学生になったら、学習机で勉強するのが当然、と考えるお父さんお母さんも多いかと思います。

私は、**小学生のうちは学習机で勉強しなくていいと**思っています。リビングのダイニングテーブルで親子一緒にしてもいいですし、子どもがやっている間に親は隣で家事をしていてもいいのです。

## 一人きりで勉強させない

勉強部屋を用意して、一人で勉強させる必要はありません。むしろ、**勉強部屋に一人にして行わせるのは、避けたほうがいいと**思っています。目が行き届かなくなるからです。高学年では、宿題の解答を丸写ししたり、丸つけをごまかしたりしないとも限りません。

学習机を購入しても、それを置くためにわざわざ部屋を用意する必要はありません。リビングの一角で十分です。リビングには置けなくて、子ども部屋に置くという場合は、子ども部屋のドアを開け放しておきましょう。リビングや廊下から子どもの様子が見えるようにしておきます。

子どもが自立して一人で勉強できるようになるまでは、親の目が大切です。勉強の様子をすぐに見られるのは、大きなメリットです。学習状況を把握できますし、**手が止まったときにヒントを与えて手助けをしてあげられます。**

## 勉強場所より勉強の中身

机の前に座るのが目的になってはいけません。**少しでもいいから、きちんと勉強させましょう。**

小学生時代は、学習習慣を身につけることが大切。厳《おごそ》かに勉強部屋の机の前でやらなければいけない、という考えにこだわらず、ちゃんと勉強する時間を毎日持つことを優先して考えましょう。

25

# 積極的に勉強する姿勢は家庭で作る

親が楽しそうにしていることは、子どもも楽しめます。たとえば、楽しそうに読書をしていれば、読書は楽しいものと思うのです。

読書し終わったとき「ああ、面白かった。父さん、不思議な世界を旅してきたよ」とか「ああ、読んでよかった。母さん、最近わからないことがあったのだけれど、本を読んでわかったわ」などと、子どもに大きな声で感想を聞かせてください。

## 子どもは親の姿勢を見て学ぶ

お父さんに、家に持ち帰って済ませなければならない仕事があったとします。その場合、「ああ、仕事しなきゃあ。せっかくの休みまで仕事か。いやだなぁ」とつぶやいていますか。それとも、**「よし、父さん、仕事がんばるから、少し待っててな。終わったら公園に行こう」**と話しかけていますか。

心の中はともかく、できれば後者のような発言を聞かせるようにしてください。

子どもがパズルをやっていて、わからないところを聞きにきたとします。「じゃ、母さんもやってみる」と言って、ぜひチャレンジしてください。そして、解けたら「解けた。確かに難しいね。でも母さん解けたよ。うれしいな。母さん天才かも」などと、大げさに喜んでみましょう。

喜怒哀楽は親が教えるものです。**親が喜んだり、感動しているのを見ると、子どもは次からまねをします。**何かをがんばって、それができたときは、本当にうれしいこと、喜ぶべきことなのだと知るのです。

親が感情を大げさに表現してみせることで、子どもに感動を伝える

# 子どもは天狗になっていい

子どもは、「自分はできる」と思っていないと、やりたがらなくなります。
テストで100点を取ってきたとき、「でも、みんなもできたのよね」などと言っていませんか。「すごいね、がんばったね」、と、十分にほめてあげてください。そうすれば子どもは、「自分はできる」と自信をつけます。

ただし、気をつけたいのが「僕、練習（勉強）しなくてもできるからやらない」と言ったときです。これをそのままにしてしまうと、先がなくなってしまいます。

**いったんは受け止めて肯定しながら、次に目指すべき目標を設定してあげましょう。**その場で止まらせてはいけません。

「よくできるようになったよね。でも、まだ難しい問題もあるから、挑戦してみようよ」などと声を掛けてください。**次のステップへ導いて、「もっと」できるようにするチャンスです。**くれぐれも、「自分はこれでもう十分だ」と思わせないよう、注意しましょう。

勉強に対して意欲的に臨む姿勢を身につけるには、**やり遂げたときの気持ちよさを知っていたり、「自分はできる」という自信を持っていることが大切です。**

親は時に大げさに、演技してみせてください。

子どもが天狗になったら、次の目標を設定してあげる

# 26 子どもが質問してきたら

子どもから質問されると、「なんでこんなときに……」と思うことが多々あると思います。忙しいときに聞かれると、正直イライラしてしまうものです。

しかし、決して「今忙しいの」と突き放してしまわないでください。「なるほど。母さんも気になるわ。でも今は**手が離せないから、後で一緒に調べようね**」と返答し、面倒に思っていることを感じさせないようにしましょう。

## 子どもと一緒に調べる

子どもの質問には、大人からみると意味のないものがしばしばあります。そうなると、返答も面倒で、つい「何でもかんでもすぐ人に聞かないで、せっかく辞書があるんだから、自分で調べたらどうなの」などと言ってしまいがちです。

しかし、これを言ってはいけません。一緒に調べるか、そのとき調べる時間がなければ、後で一緒に調べようと提案しましょう。

## 親が答えを教えていい

音読しているときなどは、わからない言葉が出てくることがよくあります。たとえば「矛盾《むじゅん》って何？」と、音読の最中に聞かれたら、とりあえず**親が意味を教えてしまっていいと思います。**流れを切ってまで、辞書を引かせる必要はありません。ただし、**全部を読み終えたら、改めて一緒に辞書を引きましょう。**

言葉の意味以外のことでも「子どもの質問に、親が教えてしまってもいいのですか？」と聞かれますが、私は教えていいと思っています。もちろん、一緒に資料集や辞書で調べて、子どもに納得させるのが理想的ですが、毎回というのは現実的ではありません。

親が答えられるのであれば、即答していいのです。

逆に、子どもの質問に、何の答えも出さないまま終わらせてしまうことだけは、絶対に避けてください。

# 27 子どもが「先生」、親は「生徒」

子どもの勉強を見てあげる親御さんのなかに、「この前やったじゃない！」と、しばしば言う方がいます。親は自分が教えたので覚えていますが、子どもは習っているだけなので、あまり覚えていないのです。これを逆の立場にして、学習に生かしましょう。

## 人に説明すると覚える

ある子どもが、算数の問題を解いて、答えを間違えました。解き直しをさせたら、また間違えました。3回目でようやくできました。この後、念のためもう一度解かせるのもいいのですが、**親が生徒役になり、子どもに先生役をやらせて説明させましょう。**

私は高校時代、勉強のできない架空の友人を設定して、自分が親切に教えてあげるという勉強方法を行っていました。一人でブツブツ、説明していたのです。

人に教えると、記憶が定着します。また、教える側に立つことで、**ポイントが見えてきたり、より深く理解できたりする**ものです。ぜひ、子どもに教えてもらってみてください。

食事をしながらでもいいのです。算数の解法でも、川がうねっている理由でも、学校や塾で習ったことを説明してもらいましょう。

## 言葉よりも行動と実感

子どもは、言葉で言われるよりも、実感することで変わっていきます。

先生役をやって説明することで、**知識や解法が定着するばかりでなく、生徒である親に「よくわかった」「楽しかった」と声を掛けてもらえば、自信もつきます。**

「勉強は面白いもんだよ」と語るより、子どもに「できる」と思わせる時間を持たせるように工夫してください。

# 学年別 小学生に読ませたい本

## 1年生

**1『であえてほんとうによかった』**
宮西達也／ポプラ社
だれかが喜んでくれることが、自分も幸せにしてくれること、だれかを想うことがつながって、大きな愛になることを感じさせてくれる本です。

**2『落語絵本　じゅげむ』**
川端誠／クレヨンハウス
落語の中でもよく知られているお話です。めでたい、長生きするという言葉をみんなくっつけて、子どもに長ったらしい名前をつけた親。急場になってわが子の長い名前をくり返す、そのバカバカしさが笑えます。

**3『ばすくん』**
みゆきりか、なかやみわ／小学館
どんなときも、できることを精一杯がんばる「ばすくん」。長く働き、バスとしての役割を終えた「ばすくん」の悲しみと感動の物語です。

**4『あらしのよるに』**
木村裕一／講談社
あらしの夜に、小屋で出会ったヤギとオオカミ。暗やみの中で、お互いの正体を知らずに友だちになる二人。

**5『からだっていいな』**
山本直英、片山健／童心社
からだがあると、いろいろ感じます。からだが主人公の本です。

## 2年生

**1『かわいそうなぞう』**
つちやゆきお／金の星社
上野動物園のゾウ、ジョンとトンキーとワンリーは、どうして殺されなければならなかったのでしょう。

**2『もうどうけんドリーナ』**
土田ヒロミ／福音館書店
ドリーナは、目の見えない人を案内して一緒に歩く、盲導犬です。生まれて訓練されて、目の見えないましまさんの家族になりました。

**3『かあちゃん取扱説明書』**
いとうみく／童心社
かあちゃんの扱い方をマスターしたら、おこづかいだって、おやつだって、ゲームだって、僕の思い通りになるかもしれない。さあどうなることやら。

**4『さっちゃんのまほうのて』**
たばたせいいち他／偕成社
幼稚園に通っているさっちゃんは、生まれつき手に指がありません。「指がない子は、おかあさんになれない」と言われて、さっちゃんはとても傷つきます。

**5『いのちは見えるよ』**
及川和男／岩崎書店
目が見えないルミさんに、赤ちゃんが生まれました。ルミさんは「いのちは見えるよ」といい、一生懸命赤ちゃんを育てます。

## 3年生

**1『島ひきおに』**
山下明生／偕成社
島に一人住む鬼は、優しくてさびしがり屋。人間と友だちになりたくて島をひきずってやってきます。

**2『エルマーのぼうけん』**
ルース・スタイルス・ガネット／福音館書店
エルマーは、かわいそうな竜の子を助けに、どうぶつ島に行きました。君も、エルマーになって、冒険に出発しよう。

**3『ちびっこカムのぼうけん』**
神沢利子／理論社
元気な男の子「カム」は、母さんの病気を治すため、「ガムリイ」とたたかいます。そして次は父さんを救う旅へと出かけます。

**4『やさしい図解 地球があぶない 森はどのように地球を守っているか』**
トニー・ヘアー／偕成社
絵や写真があって、わかりやすい本です。「あなたにできること」「知っておきたいこと」も勉強になります。

**5『ふしぎの国のアリス』**
ルイス・キャロル／福音館書店
作者は大学の数学者。言葉に、物語にいろいろな仕掛けが隠されています。

## 4年生

**1『走れメロス』**
太宰治／新潮社
処刑されるのを承知のうえで友情を守ったメロスが、人の心を信じられない王に、信頼することの尊さを悟らせる物語。

**2『秋の星座と星座物語』**
林完次／フレーベル館
星座の知識だけでなく、それぞれの星座物語も楽しめます。

**3『あなたがうまれるまで』**
北沢杏子／岩崎書店
おなかに宿ってから、出産までの赤ちゃんの成長の様子がわかりやすく説明されています。

**4『さようならカバくん』**
早乙女勝元／金の星社
東京大空襲の後、上野動物園で息をひきとったカバの太郎と花子。大杉先生は、子どもたちに、二頭のことを語り始めます。

**5『鏡の国のアリス』**
ルイス・キャロル／福音館書店
鏡の中はすべてがあべこべです。言葉も何もかも。

## 5年生

**1『天使のいる教室』**
宮川ひろ／童心社

サトパン先生と病気のあきこちゃんと1年2組の子どもたち。あきこちゃんは1年2組をやさしくしてくれた天使でした。

**2『宝島』**
スティーブンソン／福音館書店

宝探しの物語。ジムという少年が活躍します。

**3『モモ』**
ミヒャエル・エンデ／岩波少年文庫

時間に追われ、落ち着きを失って、人間本来の生き方を忘れてしまった現代の人々。人間たちから時間を奪っているのは、実は時間どろぼうの一味のしわざだった。

**4『赤毛のアン』**
モンゴメリ／新潮社

ちょっとした手違いから、グリン・ゲイブルスの老兄妹に引き取られたやせっぽちの孤児アン。初めは戸惑っていた2人も、明るいアンを愛するようになり、夢のように美しいプリンス・エドワード島の自然の中で、アンは少女から乙女へと成長していきます。

**5『クマムシ?!　小さな怪物』**
鈴木忠／岩波書店

乾くと「たる型」に変身。真空や放射線にも耐え、レンジでチンしても平気。不死身伝説の真相は？

## 6年生

**1『車輪の下』**
ヘルマン・ヘッセ／新潮社

天才少年ハンスは町中の人々から将来を嘱望されるものの、神学校の仲間と触れ合ううちに、勉学一筋に生きてきた自らの生き方に疑問を感じます。そして、周囲の期待に応えるために、自らの欲望を押し殺し、その果てに、ハンスの細い心身は疲弊します。

**2『希望の牧場』**
森絵都／岩崎書店

売れない牛と承知のうえで、放射能で汚染された牛を生かし続ける理由。原発事故の被災地というつらい現実を突きつけられたなかで、牛とともに生きることの意味を問う一冊です。

**3『きみの友だち』**
重松清／新潮社

わたしは「みんな」を信じない、だからあんたと一緒にいる？　足の不自由な恵美ちゃんと病気がちな由香ちゃんは、ある事件がきっかけでクラスのだれとも付き合わなくなりました。「友だち」の本当の意味を探す連作長編です。

**4『トルストイの民話』**
トルストイ／福音館書店

宗教的な教えをうまく物語に具体化した短編集です。

**5『川は生きている』**
富山和子／講談社

人間と環境について考える本。水と川と緑と土がつながっていることがよくわかります。

# 第4章

# 高学年での勉強のしかた

# 28 丸つけと解き直しで成績が上がる

**子どもの学力を左右するのは、丸つけと解き直しの習慣**と言っても過言ではありません。

低学年のうちは、解くのが勉強でした。しかし、高学年になったら、丸つけをし、解き直して、できるようになるまでが勉強だとわからせなければなりません。

## 丸つけは親の仕事

高学年になっても丸つけをしない子どもは、結構います。子どもは、できたかできないかが気になる以上に、課題を終わらせることが先決。解き終わるとほっとして、おしまいにしてしまうのです。これでは、せっかく時間を割いて問題を解いても、効果はありません。

**小学5年生までは、親が丸つけをしましょう。**または、親の見ている前で、本人に丸つけをさせます。子どもに一人でやらせると、間違えたところを書き直して丸をつけたり、答えを写してしまったりするからです。

親が丸つけの時間を取れない場合は、毎回でなくてもかまいません。週に何回かでもいいでしょう。または、本人に丸つけをさせて、親がそれをチェックするスタイルもあります。「親が見る」という緊張感を持たせるだけでも、効果があるのです。

丸つけは、親がするときも本人がするときも、**○か×だけをつけることがポイント**。特に本人が丸つけをする場合は、必ず守らせてください。これで、答えを写してしまう悪いクセを回避できます。

## 解けるまでくり返す習慣をつける

×のついた問題は、まっさらな状態でもう一度解かせます。終わったら持ってこさせて、親が丸つけ。また間違えたら、また解き直させる。何度かくり返し、それでも解けないようなら、ヒントを出すか、解き方を教えます。

**問題を解けるようになるまでくり返すのが勉強です**。くれぐれも、答えを写してわかったような気になって、おしまいにすることがないようにしましょう。

## 解く⬇丸つけ⬇解き直しで1セット

中学受験だけでなく、高校受験・大学受験においても、丸つけ・解き直しの習慣がある子どもとない子どもでは、大きな差が出ます。この習慣を身につけさせるのが、小学校高学年、5年生までだということです。

この習慣が身につけば、中学受験に限らず将来に向けて、学習の効果を上げやすくなります。

その出足の小学4・5年生で、先に述べた正しい丸つけを子どもに示し、丸つけがどういう作業なのかを教えます。解き直しについても、この時期に必ず身につけさせてください。

終わらせるだけでなく、丸つけ・解き直しまでが課題

親が丸つけをして、間違えていた問題は解き直させる

# 少しでも「毎日」必ず勉強する 29

高学年になったら、毎日必ず勉強することを習慣づけましょう。

「今日はやる気がしないから勉強しない」という子どもの発言を聞き入れてしまってはいけません。**やる気があろうがなかろうが、必ず勉強する**ことを教えます。

気分でやるかやらないかを決めるようなことは、絶対にしないでください。少しでもいいので、必ず毎日勉強することが大切です。

## 勉強をしない日は作らない

気分で動くことが身についてしまうと、中学生になってからが大変。親の目が行き届きにくくなって、「今日はやりたくない」と、勉強しない日が出てくるおそれがあります。親はそれを知り得ません。部屋で勉強しているものとばかり思っていたら、実はそうではなかった。そうなる前に、「**毎日やるのが当たり前**」という習慣をつけましょう。

疲れていても、毎日やらせます。たとえ10分でもいいので、必ず勉強させましょう。ただし、分量は調整してください。内容も易しめのものにして、あっさり終わらせるほうがいいです。

## 「勉強するのが当たり前」というリズムを

これは、食事にたとえるとわかりやすいです。たとえば風邪をひいたときには、トンカツよりもお粥がいいでしょう。「風邪をひいていても疲れていても、予定通りの食事をとりなさい」と命じてしまうと、体を壊してしまいます。体調に応じて献立を変える。少しでもいいから食べる。それと同じように、具合が悪いときの勉強は短い時間でかまいません。分量や難易度は変えてもいいので、回数は変えずに、リズムを作ってしまうことが肝心です。

生活リズムの中に勉強の習慣を入れてしまえば、〝毎日やること〟がしんどいことでなくなります。

# 30 「勉強しなさい」と言っていい

親に言われなくても、子どもが自分から勉強をするのが理想です。そのためにも、低学年のうちに、時間厳守・整理整頓の習慣を身につけさせます。

しかし、現実に子どもが勉強をしなくなっているとしたら、親はどうしたらいいのでしょう。

## 子どもの意欲を待っていてはダメ

勉強をしない子の親がしてはいけないことが、二つあります。

一つは、〝子どもが勉強する意欲を見せるまで待つこと〟。

高学年になったら、勉強すべきことがたくさんあります。その貴重な日々を、子どもが意欲を見せるまで待っていては時間がもったいないです。子どもの学習意欲を高めながら、同時並行で最低限の課題に取り組む必要があります。そうしないと、いざやる気が出たときに、基礎学力がなくて結局勉強に手をつけられないことになります。

もう一つは、〝気分任せを覚えさせないこと〟。

気分が乗ったらやるけど、乗らなければやらない、ということをしていると、中学・高校に入って、いよいよ気分次第で動く人になってしまいます。

親は迷わず**「勉強しなさい」と声掛けしましょう**。

「勉強嫌いになってしまうので、〝勉強しなさい〟と言わないでください」と言う指導者もいます。しかし私は、高学年になったら、むしろ言うべきだと思います。

もちろん理想は、子どもが自分から勉強することです。しかし、理想通りにいかなかったときは、現実的になってください。

## 手段を選ばず勉強させる

4年生も後半になったら、決められたことは必ずやらせましょう。そのためにご褒美《ほうび》をうまく使えばいいし、やらなければ叱ってもいいのです。

大切なのは、**毎日の勉強時間を確保する**こと。そのためには、「勉強しなさい」と声掛けをし、勉強しない日が続くことによる手遅れを回避しなければなりません。

# 31 かけ算・わり算も暗算させる

「また計算ミスしたの？　ちゃんと筆算をしていないからよ。しっかり筆算をしなさい」とは、よく聞く親の発言。

でも、それは違います。**筆算をする習慣をつけてはいけません。**

## 筆算では賢い子どもが育たない

計算ミスをしない子どもより、多少のミスはしても、賢くてスケールの大きい子どもにしたいものです。

そう考えるなら、ぜひ暗算をさせてください。

まず低学年のうちに、たし算・ひき算の暗算の習慣をつけておきます。そのうえで、高学年になってからは、かけ算・わり算を暗算で練習します。

第2章で、書いて試行錯誤するのがよいということを述べました。なのに、「計算は書かずに頭の中でやるの？」と疑問に思われる方もいるでしょう。

反対のことを言っているように感じるかもしれませんが、**計算に限っ**

**ては、書かずに訓練するのが正解です。**

なぜなら、計算は試行錯誤のしようがありません。試行錯誤する性質のものではないのです。2×3は6に決まっています。早くたどり着くに越したことはありません。

## 暗算で頭をフル回転させる

暗算は、頭の中にたくさん汗をかかせることです。頭に苦労をさせるトレーニングです。将来、算数や数学を考える頭を作るための、初歩のトレーニングになります。

頭の中で、筆算をしましょう。慣れてくれば計算を工夫するようになりますが、最初のうちは工夫せずに筆算を頭の中で行ってください。暗算をする目的は賢くなることですから、工夫して楽をする必要はありません。工夫は、小学6年生頃から始めれば十分です。

この時期の過ごし方いかんで、賢くなれるかなれないかがわかれる、と言っても過言ではないのです。**頭の中だけで考え、組み立て、処理していく力を養成しましょう。**かけ算・わり算の暗算は、その最初の一歩。しかも、この時期にしておくべきトレーニングなのです。

筆算は確かにミスが減りますが、紙と手が計算してくれるので、脳をあまり使いません。

## スピードが上がると計算ミスは減る!?

**ミスをしないことはすばらしいことです。しかし、そういう子どもの計算スピードを速くするのは難しいです。**「確実に」「ゆっくり丁寧に」が身についてしまっているからです。中学入試や大学入試では、そのスピードのなさが命取りになります。逆に、**計算が速い子どもの計算ミスは直せます。**親としてはスピードよりもミスのほうが目につくと思いますが、**幼少期に育てるべきはスピード。**成長してからミスを減らしていきましょう。

理系の人は、ひらめきのセンスがあると、よくいわれます。実は、彼らはひらめいているわけではありません。頭の中で考え、組み立て、処理するスピードが速いのです。そのため、ひらめいているように見えるのです。

頭の中で考え、組み立て、処理できるようになるには、トレーニングが必要です。この時期に、しっかりと暗算の練習をしておきましょう。

筆算ではなく暗算で計算力を鍛える

32

# 壁に地図を貼ろう

「漢字一覧表や世界地図、年表を、トイレなどの壁に貼ることは効果がありますか」と聞かれます。

私は「ぜひ貼ってください」と答えています。

## 年齢によって記憶のしかたは違う

12～15歳頃までは、大人よりも目の記憶力に優れています。小さいうちは、映像や画像で覚えることができるのです。

一方、それ以上の年齢になると、体系的に覚えるほうが楽になります。中学生になって英単語を暗記するのに、ある単語の形容詞形や反対語など、関連させて覚えるのは理にかなっています。

## 子どもは見ているだけで覚えられる

インテリアの観点からすれば、壁にベタベタ貼ってあるのは美しくありません。ただ、子どもは視覚から記憶するので、少しの間だけ我慢して、壁に年表などを貼ってあげてください。特に、トイレの壁は有効に使えます。**毎日、毎度見ていると、子どもは記憶に残ります。**大人からすれば、読むこともなく、ただ見ているだけで記憶に残るなんて、あり得ないと思うでしょう。しかし、それは論理的、体系的にしか記憶できない大人だから、そう思うだけです。

子どもの記憶の特性を生かしたやり方は、大人からすれば信じがたい感じがするでしょうが、ぜひ試してください。

貼りつける年表や、漢字一覧表などを、手作りする必要はありません。労多くして益少なし。書いたら覚えると思うのは、書いてしか記憶できない大人だからです。**子どもは書くより見て覚えるのですから、わざわざ時間をかけて作成しなくても、市販のものでかまいません。**

子どもの記憶方法に沿った貼りつけ作戦は、大人が思うより効果があるのです。

# 理想の睡眠時間はどれくらい？ 33

中学受験に関して、親の一番の仕事は、何だと思いますか。
勉強の管理を思い浮かべる方が多いと思います。もちろんそれもありますが、私は**睡眠時間の管理**だと思っています。

## 睡眠が合否を左右する!?

人は寝ている間に、昼間やったことの記憶が定着するといわれています。**学習効果を高めるためにも、睡眠時間を確保しなければなりません。**

塾の宿題が終わらない、習い事の課題が終わらないなど、睡眠時間を削らないと仕上げられないことが続くようなら、その塾なり習い事は、続けるべきかどうかを検討しなければなりません。子どもは、睡眠時間を削ってまで何かをしても、効果があるどころか、心身ともに弊害のほうが大きいのです。

## 早寝早起きの習慣をキープしよう

低学年のうちに、早寝早起きの習慣をつけたら、高学年になってもそのリズムは守ってください。

「高学年になったらそれは無理」と思うとしたら、生活リズムを見直しましょう。

勉強のスタート時間が遅くありませんか。そうであれば当然、勉強が終わる時間も遅くなりますから、寝る時間も遅くなります。

朝起きるのが遅くありませんか。そうだとしたら、寝る時間も遅くなります。

食事の時間が削られることはあまりありませんが、睡眠時間は簡単に削られてしまうので、それがリズムになってしまいます。

くり返します。**睡眠時間は、絶対に削ってはいけません。小学生なら8時間前後は確保してください。**睡眠時間を削って、中学受験に成功した子どもはいません。

# 34 「もう少しがんばる」は危険信号

高学年になったら、たとえ体調が悪くても、10分でも1題でもいいから、毎日勉強するのが理想です。

「その大切さがわかるので、毎日勉強をさせたいと思いますが、何か気をつけることはありますか」といった質問を受けます。

もちろん、ちょっとしたコツが必要です。

## 調子よりも生活リズムを優先する

「今日は調子いいなあ。もう少しがんばる！」と子どもが言ったら、どうしますか。

子どもの意欲的な態度を見て、親はうれしく思います。そのためつい「そっかぁ、じゃあ今日はもう少しやろうか」。おそらくこんな返事をする親が多いことでしょう。

これはいけません。

裏を返せば「今日はやる気がしないから、やらない」を容認することになります。

調子がよかろうが悪かろうが、生活のリズムを守ることが大切です。気分に左右された勉強は、絶対にいけません。

## 翌日のパワーを意識しよう

先ほどの子どもの発言に対しては、「続きは明日にしましょう。それよりもう寝なさい」と答えましょう。

実は、本人がやる気を見せているときが、思わぬ落とし穴になるのです。

調子がいいからと、勉強を続けたとします。調子がよくても疲れないわけではありません。寝る時間も遅くなります。そうすると、**次の日に影響します。**次の日は、疲れが出てやりたくなくなってしまうかもしれません。昼間、学校で居眠りをしてしまうおそれも出てきます。

また、**「もっとやりたい」と思ったところでやめるからこそ、翌日に取り組む意欲がわいてきます。子ども自身が「面白い」「もっとやりたい」と感じたところから始めるのですから、すぐに集中できます。**

# 35 苦手な科目の伸ばし方

親がやりがちなことに、得意科目の時間を減らして、その分、苦手科目を勉強させることがあります。

これでは、苦手科目はなかなか力がつきません。そして、勉強時間が減った影響で、得意科目の成績も下がっていきます。

## 得意科目を極めるのが近道

子どもが得意な科目、あるいは好きな科目があれば、徹底的にその科目を極めましょう。

欲を言えば、それが算数であることが理想です。

なぜなら、**算数を軸に勉強を進めると、学力全般が一番伸びる**からです。

とはいえ、もちろん算数でなくても大丈夫です。

得意科目、好きな科目を勉強させることは、大変なことではありません。それでいて、いい結果がついてきやすい。

たとえばクラスで1番になるとか、学力テストでいい点を取れるなどです。子どもはうれしいばかりでなく、**勉強のやり方、習得の仕方を、自分の頭と体で理解していきます。**

これが、ほかの科目を伸ばす原動力になります。**やがて苦手科目も伸びていくのです。**

## 成功体験が決め手!!

私の塾では、夏休みにルービックキューブ教室を開催します。ひっくり返したり回したりしているうちに、やがてできるようになります。小さい世界ながら、試行錯誤の結果の成功体験。ルービックキューブ教室開催の目的そのものです。

小さい頃の成功体験は、子どもを大きく成長させます。その成長の中で得たものが、苦手なことや嫌いなことへの取り組みによい影響を与えます。

勉強なら、まずは得意科目での成功体験が重要で、苦手科目の克服はその次です。

得意科目といっても、その子の中では得意でも、競争させたら負けてしまうようでは、本当の得意科目とはいえません。**誰にも負けない科目になるまで極めさせましょう。**

# 頂上からしか見えない景色とは

山登りの魅力は、頂上に着いた達成感。あるいは、道中苦しくても、美しい景色に出会えた喜び。登山には、登らなければ得られなかった達成感や喜びが待っています。

勉強も同じです。「得意だからやらなくていいよ。苦手な科目をやりましょう」というのでは、絶景を見せずに、次の山に登らせるようなもの。

まずは一つ、絶景を見させましょう。

成功体験を重ねることで、苦手科目も伸びるようになる

# お父さんの大切な役割 36

子どもの勉強を見る担当を、文系科目はお母さん、理系科目はお父さん、と決めたりしていませんか。

両親ともに熱心なのは、とてもいいことです。でも、子どもの居場所・逃げ場がなくならないように、いつも意識してください。

## 最後に叱るのは父親

低学年のうちは、お母さん中心で学習を進めていいと思います。しかし、**高学年になったら、お父さんの出番です。**もちろん学習管理はお母さん中心でかまいません。お父さんにしかできない仕事があります。

高学年になると、遊び感覚の学習を卒業し、厳しさが増してきます。毎日やる。やるべきことを決めて、必ずこなす。これは大人でいえば、仕事そのものです。

かつて、社会の厳しさを教えるのは、もっぱら父親の役目でした。しかし昨今は、仕事を持つ母親も多いので、必ずしも父親である必要はなくなってきました。

ただ当然ながら、父親と母親には、男女の特性の違いがあります。

子どもに慢心が見えたときの叱り方も、父親と母親では違います。父親は、言うだけ言えば終わりにできますが、母親は尾を引いたり、蒸し返したりしてしまいがち。

男女の特性の違いからすれば、**父親は最後に叱る人**であってほしいと思います。**きっぱりと叱って、それでおしまい。**

これは、単に男女の特性の違いから言っているだけではありません。最後に叱った人が母親だと、普段から接する時間が長いため、子どもは母親に見捨てられた感を強く抱きます。これでは、子どもの学習にとって逆効果です。

最後に父親が叱る。そしてそれが、**子どもにやる気を起こさせる叱り方**であることが、子どもを叱るときの理想です。

「ここがいけなかったんだな。じゃあ、次からはこうしてみようか」など、何がいけなかったかを認識させたうえで、今後どうすべきかを具体的に示しましょう。

## 子どもを追いつめてはいけません！

理想的な叱り方のもう一つは、**二人が同じ調子で怒らないこと。**母親が叱り始めたら、最後に一言父親が発言して、その場を収めます。そして、その後「母さんの言う通りだぞ。苦しいこともあるけれど、父さんも母さんも応援しているぞ」などと、**受け止めてあげてください**。お母さんは子どもと距離が近いので、どうしても感情的になりやすいです。そこでお父さんの出番。感情の交通整理ができるのは、やや離れた視点に立っていることの大きなメリットです。

叱るなかで、子どもの言い分も聞くのがポイントです。お母さんにワーッと言われて反論できないこともあるでしょう。そのときに、子どもなりの理由を聞いてあげることで、わだかまりなく次に進むことができるのです。それもお父さんの大切な役割です。

## 母親の悩みは家族みんなの悩み

お父さんが受け止めるべきなのは、子どもだけではありません。母親である妻のことも、しっかり受け止めてあげてください。低学年のうちはママ友同士で分かち合えた大変さも、高学年になるとお互いに気づかいが出てきて、分かち合えなくなります。

そこでお父さん、ぜひお母さんの悩みを聞いてあげてください。

母親が悩みのない精神状態にあることが、ひいては子どものためなのです。

# 第5章

# 親の疑問にお答えします（Q&A）

Q
A
37

# テレビを見せてもいいですか？

## テレビは雑学の宝庫

〝テレビは一番身近にある娯楽〟と思うから、見せてもいいのかどうかが心配になるのだと思います。なるほど、数々のバラエティ番組が毎日目白押し。不安になるのは当然です。

「見せてもいいのか」という質問に対して、私の答えはイエスです。

ただし、日常では見ることのできない何かを見ることができるという点で、見せてもいいということです。むしろ、見せたほうがいいです。

**天気予報やニュースは、毎日見ましょう。**

アニメでは、「サザエさん」や「ドラえもん」「ちびまる子ちゃん」など、**古きよき日本の姿を垣間《かいま》見ることができます。**国語の読解問題では、昔のことを知らないと読めない文章が出ることもありますが、これらのアニメを見ていた子どもは、思い当たることができます。

幼少期向きの「アンパンマン」は、自己犠牲と勧善懲悪で構成されています。**悪い者に**

**は必ず罰《ばち》が当たるという流れは、しつけ教育にもなります。**

勧善懲悪ものは、起承転結がはっきりしているので、典型的な展開がくり広げられます。意識はせずとも、**先を読めるようになり、国語力に通じていきます。**おじいちゃんと「水戸黄門」をよく見ていたという生徒がいました。その子は国語がよくできましたが、偶然ではないと思います。

無意識ながらも、勧善懲悪、起承転結に触れていると、文章展開にバリエーションが加わっても、混乱しません。テレビを通じて、そんな訓練も可能だということです。

## 日常では見られない世界に触れることができる

かつてと違って、よくできる人を「かっこいい」と評価するクイズ番組が多くなりました。「高校生クイズ」を見て、あの頭のいい、かっこいいお兄さんみたいになりたいと、開成中学校を目指す子どもも多いです。

実験や科学番組、あるいは報道番組では、**実際には見ることのできない世界を、目の当たりにします。**深海や宇宙、生き物の体の中のミクロの世界など、知らない世界を見せてくれます。

ときに、グロテスクな世界や残酷な世界を見てしまうこともあるかもしれません。わざわざ見せることはありませんが、それが事実だということを知る程度には、触れることも悪くないと思います。無菌状態の温室で育った子どもは、将来、かえって苦労することになってしまいます。

テレビは使い方次第。番組を選び、時間を決めて、日常ではできないさまざまな体験を、親子で楽しんでください。

今日はこれを一緒に見よううな
昨日、授業でやった星座だ！
星座の不思議

テレビでは、ふだん見られない世界を見ることができる

# Q38 ゲームはやらせてもいいですか？

## A 今やゲームはコミュニケーションツール

最近のテレビゲーム・携帯ゲームは、将棋やトランプなどと違って、頭より指を使ってクリアしていくものが多いです。そんな理由から、私は将棋やトランプをおすすめしますが、ここで問題なのは、**ゲームがコミュニケーションツールでもあるということ**。人間関係上、テレビゲームや携帯ゲームをしないとうまく友人と付き合えない、という現実があるようです。

それならば、子どもの人間関係を尊重して、無理に禁止しなくてもいいと思っています。

それに、この種のゲームをやって賢くもなりませんが、頭が悪くもなりません。

**ゲームをするときは、親子でルールを決めて、約束を守らせるようにしましょう。**

一日に何分、あるいは週に何時間などの時間制限は大切です。また、その時間内であっても、「宿題を先にする」「夕飯の前しかしない」などの家庭ルールを作ってください。

# Q39 スマホや携帯を持たせてもいいですか?

## A スマホを持たせたら必ず約束を守らせる

スマホや携帯は、勉強を阻害する以外の何物でもありません。

とはいえ、ゲーム同様、人間関係上なくてはならないものの一つになっているのも確かです。中学校によっては、部活などで連絡ツールに「LINE」を使っているところもあると聞きます。

また塾通いなどで、子どもが夜間移動するにあたり、親が子どもに連絡ツールとして、携帯を持たせたいという考えもあります。

小学生には持たせないほうがいいとは思いますが、諸々の事情から、持たせなければならないのが現状だと思います。

ならば、二つの約束を守らせましょう。

一つめは、**必ずリビングに置くこと**。

二つめは、**親が使い方ややりとりの内容を見ること**。

「契約者は親だし、支払いも親なので、中を見るよ」と決めてから持たせます。勉強している間は、必ずリビングに置かせて、勉強に集中させます。

子どもにとっては、連絡ツールとしてのスマホから離れて数時間勉強する、というのはかなり厳しいことだと思います。だからといって手元にあれば、すぐさわってしまい、そのたびに集中が途切れます。

またスマホや携帯は、出会い系への入り口。「ＬＩＮＥ」のトラブルがいじめにつながっていく話もよく聞きます。よくないことに巻き込まれるリスクもありますが、**親が使い方を見ていれば未然に防ぐこともできます。**

必ず約束を守らせましょう。

約束が守れなかったときのルールも、決めておくといいと思います。

# Q40 習い事はどのくらいまでやっていいですか？

# A

## 学年によって頻度を変える

習い事については、第1章ですでにお話ししました。ここでは、よく聞かれる「どのくらいまでやってもいいのか」についてお答えします。

中学受験をするのであれば、**4年生は週2回、5年生なら週1回、6年生になったらいったん休止**、というイメージがいいと思います。

中学受験をしないのであれば、6年生になっても、週3回までいいでしょう。週何回というのは、一つの習い事をその回数までもいいですし、その数までいろいろな習い事をしてもいいということです。

## 実用ではなく興味のあるものを

習い事については、本人が嫌がるもの、望まないものは、当然避けたほうがいいと思います。本人は興味がないのに、字が汚いからと、親が習字に行かせようとすることなどは避けましょう。

習い事は、始める前が肝心です。

**子どもが「やりたい」と言ってきたら、必ずルールを決めてから通わせるようにしましょう。**

たとえば、毎日練習する、休まず行く、それらが守れないときはやめる、などです。

中学受験をするなら、習い事は４年生で週２回、５年生で週１回、６年生はいったん休みにする

Q41 塾は行ったほうがいいですか？

A 塾のメリットはリズムと習慣作り

自分で、あるいは家庭で律することができる。親子で教える・教えられるがうまくいっている。それならば、塾へ行かなくてもいいと思います。教材にしても、最近の市販教材は大変よくできており、塾でしか習えないことはあまりありません。

ただ、セルフコントロールはなかなか難しいですし、親子で勉強するのも難しいもの。一方、**塾へ行けば必ず勉強しますし、生活リズムも安定します**。親と違い、塾の先生とケンカをすることも、まずないでしょう。塾の先生は、子どもとの距離が近すぎないことも、うまく作用します。親のかわりに叱ったり、うまくモチベーションを上げたりしてくれるでしょう。また、**友だちやライバルの存在も大きい**です。これらは子どもが一番伸びる刺激なので、効果が高いです。勉強が生活リズムの中に必ず組み込まれ、習慣になることは、塾通いの大きなメリットです。

モチベーションを上げてくれる先生、友だちやライバルの存在も、塾の大きなメリット

Q 42

# どんな塾が〝いい塾〟ですか？

A

## 決め手は「理念」と「宿題の量」

学校選びは、できる限りの情報収集をして慎重に決めるのに、塾は評判だけであっさり決めてしまう。こんな親が意外に多いようです。これは、むしろ逆です。**塾こそ個性があるので、**子どもに合った塾を選ばなければなりません。

何はともあれ、**理念をよく調べてください。**どういう子どもたちがいて、どういう方針で経営されているのか。それが子どもや親の考え方に合っているのか、よく吟味しましょう。

とはいえ、ぴったりだと思って入塾しても、通っているうちに心配になることがあるかもしれません。

そのときは、**宿題の量が子どもに合っているか、**様子を見てください。

毎度毎度やりきれないようでしたら、宿題の量が子どもに多すぎる証拠です。また、すぐ終わってしまうようなら、少なすぎます。一般的に多いか少ないかではなく、自分の子どもにとって多いか少ないかをチェックするのがポイントです。

子どもに適切な量でないことがわかれば、転塾を考えなければなりません。

さて、このときに、**引き止めの強い塾は、ためらわずにやめてしまいましょう。**引き止めが強い塾は、日頃も「やめないでほしさ」から、子どもたちを甘やかす傾向が見られるからです。

塾の目的は、子どもに勉強させること。そのためには、時に厳しさも必要です。にもかかわらず、塾が甘やかしているとしたら、学力向上という目標達成は難しいと思われます。引き止める塾には、得てして甘やかしが推測されます。これも塾選びのポイントです。

入塾前に、退塾しやすい塾かどうか、情報収集するといいでしょう。塾の姿勢がわかります。

Q 43

# そろばん教室や公文に行かせたほうがいいですか？

A

## 基礎学力をつけるのに効果的

日本人が発想力に乏しいのは、学校で計算などの基礎学力を重視する教育しかしないからだといわれた時代がありました。カリキュラムも変わり、計算などの反復練習をする時間が削られたのです。しかし最近は、その揺り戻しで、基礎学力に重きを置く授業が増えてきました。とはいえ、まだまだ時間的には不十分です。

**学校では十分でない基礎学力の補てん**という点で、そろばん教室や公文はとてもいいと思います。また、級が上がる、トロフィーがもらえるなど、達成感も得られます。それは学習へのモチベーションになります。

実際、**計算力がつきます。低学年に必要な反復練習が十分に成される**ので、効果が出るわけです。通うことで、勉強のリズム・生活のリズムが整うというメリットもあります。

子どもに、発想力・思考力・想像力をつけたいと日々奮闘し、願っている塾講師も、そろばん教室や公文に行くことで、それらがそがれるなどとは、少しも思っていません。むしろ、そうして**基礎学力をつけるところから、発想力などにつながっていく**と思っています。

月刊誌『中学への数学』（東京出版）などに寄稿しておられる、数学オリンピックを目指す学生のための駿台英才セミナー講師の栗田哲也氏も、その著作『数学に感動する頭をつくる』（ディスカヴァー・トゥエンティワン）の中で、次のように書いておられます。

「そろばんを経験したものは、頭の中にイメージ（この場合は数のイメージ）を思い浮かべる力があるので将来的に伸びていくのです。そうか、公文式は単に計算力を鍛えるだけでなくて、そろばんにとって代わる役割を果たしていたのだな、と私は思ったのでした」

基礎学力なくしては、何事も始まりません。そのために、そろばん教室や公文を利用することは、とてもいいことだと思っています。

# Q44 読書好きなのに国語ができません。どうしたらいいですか？

## A どんな本をどう読むかによる

「読書好きな子どもは国語ができる」というのが、そもそも幻想です。読書量と読解力に、相関関係がないとまでは言いませんが、絶対的ではないのです。

国語の力がつくかどうかは、読書の質によります。

本を読んでいる姿は同じでも、どういう読み方をしているかは人それぞれです。ただ読んでいるだけ、いわゆる**ダラダラ読みでは、内容は理解していません**。「主人公は公園で何を見て、何を決めたのだったかしら」と質問してみると、「わからない」などという答えが返ってきたりします。このような読書では、読解力がつくはずはありません。

また、最近の子ども向けの本は、さっと読めて「面白かった」となるよう、娯楽の一つとして書かれているものも多いのです。テレビやビデオ、映画と並ぶエンタテインメントとしての本です。

もちろん、これらも否定はしません。なぜなら、読書のとっかかりになるからです。また、国語力からいっても、読書すらしない子どもよりはいいからです。

## 大人向けの本の効果とは？

幼少期は、好きな本を手に取り、いやなら途中でやめてもよかったのですが、小学生、さらには高学年になったら、読書のスタイルを変えます。子ども向けに書かれたものではなく、背伸びをしても、大人向けの本をそのまま読ませましょう。**時間がかかっても、内容を理解しながら読む習慣をつける**のです。

大人向けの本を読むようになると、読書する分野が広がります。子ども向けの本に共感するのは、ある意味当然。ところが、大人向けの本では、知らないこととの出会いの連続です。それに喜びを感じることができれば、しっかりと読書をしていけるでしょう。

本の形をした〝おもちゃ〟ではない本を、正しく読ませるようにしてください。

100ページに【学年別 小学生に読ませたい本】のリストを載せてあります。ぜひ参考にしてください。

# Q45 中高一貫校のメリットは何ですか？

## A 最大のメリットは「しつけ教育」

公立中学校の場合、手本にすべき先輩は、反抗期真っ只中のお兄さんお姉さん。先生を含めた大人に対する態度は、模範とするには適切でないことも多い年頃です。

一方、中高一貫校の先輩には高校生がいます。高校3年生ともなると、もうほとんど大人。部活や体育祭、文化祭などを通じて高3生とも交流し、見本となる行動や振る舞いに触れることができます。模範とする先輩の違いは、見逃せない点です。心の成長にさまざまな影響をもたらすことでしょう。

また、高校受験がない分のびのびと勉強できますし、いろいろな体験をする時間もあります。14～15歳という多感な時期を、余裕をもって過ごせることは、とても意義のあることです。

**先輩と時間に恵まれ、きちんとしつけのされた子どもは、結果的に学力も伸びます。**

# Q46 付属校と進学校はどっちがいいですか?

## A 家庭の教育方針による

大学付属校にするのか、大学受験が必要な進学校に行かせるのかの選択は、家庭の教育方針次第です。この点に関しては、**お父さんとお母さんでよく話し合って、5年生のうちに決めましょう。**

付属校は、すべてがまんべんなくできる子どもをほしがる傾向があります。すべてがまんべんなくできる子どもとは、こつこつタイプです。こつこつ勉強して、そのまま上の大学に行きます。

一方、進学校は、こつこつタイプより、破格な子ども、後伸びする子どもをほしがるところが多いです。

両者は、**国語にしても算数にしても、出題される問題傾向が違います**から、5年生のうちにどちらにするか決めて、しっかりと受験勉強に向かわせましょう。

Q47

# 男女共学か別学かは、いつ決めたらいいですか？

A

## 6年生で決めれば十分

子どもの意思もあるでしょうから、6年生で決めれば十分です。

お母さんに、「6年間も女子のいないところにいたら、女性とうまく話のできない人になってしまうのではないかと心配です」と相談されることもありますが、文化祭など今は女子生徒と交流する場はいくらでもあるので、その心配はないと思います。

男子に関していえば、男子校のほうがいいと考えています。というのも、一般的に女子のほうが大人な分、共学だと男子は後手に回る場面があるからです。**男子は男子校のほうが力を発揮できるでしょう。**

逆に**女子は、共学校で男子も含めたうえでリーダーシップをとることが、将来の力を蓄える学びの機会になります。**

# Q48 どこを見て学校を選べばいいですか？

## A 校風、学校見学の雰囲気、先生の様子

学校が出している出版物やホームページなどで、校風を確認しましょう。

また、志望する学校は、**5年生のうちに文化祭を見に行ったり、学校見学に出かけたりしてみてください。**実際に見ると、雰囲気がわかり、さらにそれが感覚的に合うか合わないか、というアンテナが働くものです。

そして大切なのが、先生です。文化祭に出かけると、先生と生徒の空気感に触れる場面がしばしばあります。**先生に威厳があるか、生徒は先生を尊敬しているか、**両者の会話から見極めてください。

これまでにくり返してきましたが、しつけ教育が大切な要素です。先生がきちんとしつける意識を持って、生徒を本気で叱れるのか。また、そこに愛情があるのか。実際に足を運んで、感じてください。

Q49

# 大学合格実績の弱い学校はダメですか？

A

## 大学合格実績はあまり気にしなくていい

大学の合格実績を優先的に見て、学校選びをする必要はないと思います。

たとえば、東大に合格する生徒の数が減っていたとしても、その分医学部の合格者が増えているのかもしれません。あるいは、何年も浪人して東大を受験する子が減り、現役で早慶に進学しているのかもしれません。

このように、合格実績は一面的にとらえられないので、それよりも、**校風や雰囲気、先生などをじっくり見て、子どもに合ったところを見つけましょう。**

**勉強は、最終的には自分でやるもの**です。大学受験ならなおさらです。

学校の勉強で不足する分は、予備校や参考書で補えます。個人では補ったり変えたりできない校風を重視しましょう。

# Q 中学受験を途中でやめてもいいですか？

## A 50 やめる決断をする勇気を持つ

小学生のうちは、高学年になっても（個人差はあるものの）心は未熟。それゆえに、子どもによっては、受験勉強が負担になるおそれがあります。

また、脳の成長という点でも、一般的には未成熟。脳は14～15歳で完成を迎えるといわれています。中学受験でうまくいかなかった子どもが、高校受験で結果を出すことはよくあります。

親は、子どもの心と脳の成長をよく観察し、中学受験すべきか否かを見極めることが大切です。**わが子がまだ幼いと感じたら、中学受験をやめるという決断も必要**です。あるいは、志望校を変えましょう。親にこれらができないと、子どもに負担がかかる一方です。

中学受験は、子どもの状況によっては、やめさせるという決断が必要なことを理解しておくことが、始めるにあたっての絶対条件です。

Q 51

# 通信教材で中学受験はできますか？

A

## 通信教材だけでは不十分

通信教育のいいところは、時間の融通がきくところ。特に、中学生になって部活動が始まると、自分のペースで進められるので、とてもいい教材だと思います。

また、塾に通うより、安く学ぶことができるのもメリットです。届く楽しみもあります。

しかし、通信教材だけで、中学受験を乗り切れるかというと、今のところまだ難しいと思います。「通信教育だけで中学受験を」と銘打って、教材を研究している企業もありますが、まだまだ課題は山積みです。

**小学校低学年、中学校1～2年生は通信教育、小学校高学年や中学3年生の受験対策は塾通い**などと、使い方を工夫するといいでしょう。

通信教育にありがちなのが、教材がたまってしまうこと。たまってしまう子どもは向かないので、別の方法を考えたほうがいいかもしれません。

Q52

# 電子教材は効果的ですか？

A

## 目的に合わせて使う

最近、電子教材が注目されています。**メインの教材にせず、ポイント的に使用するのは有効だと思います。**たとえば英単語の暗記や、立体図形をイメージするときなどです。

塾や予備校によっては、タブレットを配布しているところもあります。タブレットにもさまざまな種類がありますが、今のところ相互方向で学習できるタブレットは少ないです。主体的に使える子どもはいいのですが、タブレットが次から次へと展開していくことを期待しているなら、まだ難しいと思います。

「読み・書き・そろばん」が一番身につくのは、紙と鉛筆を使うこと。ただ、紙と鉛筆ではすぐに飽きてしまうというなら、電子教材を与えるのは悪くありません。紙と鉛筆でいやいや勉強しているくらいなら、電子教材で多少お遊び感覚が入っても、前向きに取り組むほうが身につきます。

電子教材は、限定的に、工夫しながら使えば、学習の一助になります。

# 第6章

# 学力別・科目別 勉強のコツ

# 算数 図形問題は絵を描いていた子どもが有利

53

中学受験で子どもたちが苦手としている問題に、図形があります。

実は図形問題は、頭の中で考えられれば速く解けます。しかし、小学生には難しい。そこで、**図形を描いて、目に見える形にして考える**ように教えています。

図形問題を苦手にしている子どもたちは、この図を描く作業が苦手です。

## フリーハンドで描くメリットとは？

図形問題の苦手克服の第一歩として、図を見て描く練習をしましょう。これが意外に難しいのです。

最初のうちは、立体を写すときに必ず使う斜めの線が描けません。上から下に、垂直の線を引いてしまうのです。

ちなみに、幼少期に絵日記をつけていた子どもは、立体を描く経験を積んでいるので、図を描くことにも、比較的抵抗なく入っていけるようです。

初めのうちは、図を描くときに定規を使ってもかまいません。描き慣れてきたら、フリーハンドで描きます。

実は定規を使っていると、定規で引いている線しか見えません。全体が見えないのです。一般に、道具を使うと、そこに神経がいってしまうのと同じです。

フリーハンドで描いていれば、全体が見えます。**フリーハンドで練習しているうちに、やがて頭の中で立体図形をイメージできるようになっていきます。**

## とっておきの練習法！

練習の初めは、白紙よりも方眼紙を使うほうがいいでしょう。

ここでおすすめしたいのが『思考力算数練習帳シリーズ13／点描写（立方体など）』（M.access編／認知工学刊）。点が打ってあるところに、図形を描く練習をしていきます。この練習帳は大人にもおすすめで、なかなかの歯ごたえです。

# 補助線を引くのにセンスはいらない

図形問題を解くときによく使うのが補助線。**補助線が引ければ、それまで見えなかったものが見えてくる**ので、答えにグッと近づきます。

しかし、補助線を引くこと自体が難しいもの。補助線がうまく引けるか引けないかは、センスだと考える方も多いのですが、センスではなく経験にほかなりません。

わからなかったら、とりあえずおさまりがいいところに引いてみましょう。**ここに1本あったらスッキリするな、という感覚でいい**のです。こうしてトライしているうちに、だんだん引けるようになっていきます。

補助線も、図形を描き慣れている子どものほうがためらいなく引けますし、引く箇所を見つけるまでが早いのは言うまでもありません。

図は、すぐには描けないものです。幼少期に親子で楽しんだ習慣、**たとえば絵日記やお絵かきなどの遊びを通して、力を蓄えておきましょう。**

最初は方眼紙を使って練習する

練習していると、補助線をうまく引けるようになる

算数

# 文章題と国語の学力は車の両輪

54

文章題をパッと見ると、数字が目につきます。子どもによっては、「今はたし算をやっているから、ここに出ている数字をたせばいいんだ」と気づき、文章をほとんど読まずにサッと答えを出してしまいます。また、ひき算をやっているときは、数字だけ拾ってひき算をし、さっさと答えを出してしまうのです。

## 子どもが文章題を読まずに解いていたら

このようなクセがついてしまうと、高学年になったときに、当然ながら文章題は解けなくなります。しかし、この時点では、**ある意味とても合理的な思考です。決して否定はしないでください。**

子どもが問題文を読まずに解いていることがわかったら、そういう解き方では解けない問題を与えればいいのです。

その子たちには、その文章題は簡単すぎるわけですから、**きちんと読まなければ解けない文章題を与えてください。**

# 算数でも「読解力」が重要

文章題は、3年生では3行、4年生では4行、5年生では5行がおおむね限界です。**低学年では、計算を反復練習し、文章題は短い文章のものから始めましょう。**

文章題が苦手とわかると、長い文章の問題を与えてトレーニングしようとしがちですが、それはいけません。短い文章題を練習しましょう。

ここでおすすめなのが、「どんぐり倶楽部」の教材（通販で手に入れることができます）。低学年の子どもにも、文章題を興味深く学べるよう、考案されています。絵を描いて読み解いていくので、とてもわかりやすい。何より、文章題を解きながら、知らず知らずのうちに、読解力も養成されていきます。

文章題に苦手意識を持たせないよう、教材や学習方法を工夫してください。

# 55 算数 ケアレスミスの対処法

低学年のうちは、**ケアレスミスをしてもいいから、スピードを上げることを優先します。**そしてケアレスミスをしたからといって、**口うるさく言わない**ことも大切です。

## 子どもは大人ほどミスを気にしていない

「『ケアレスミスをしないようにしようね』と子どもにくり返し言っても、いつも同じ間違いをして、いっこうに直りません。何か方法はないですか？」とよく聞かれます。

ケアレスミスがいかにもったいないか、つまらないものか、それでいて重大なことを引き起こしかねないか。実は、子どもは親が思うほどわかっていません。

大人はさまざまな人生経験から、ケアレスミスで痛い目に遭ってきました。だからこそ、子どもにケアレスミスをしてはいけないと伝えます。

でも、これはただの先回り。子どもは、親にケアレスミスをしてはいけないと言われるから、ケアレスミスをしないようにしようと思っているにすぎません。**子どもには、親が思っているほどケアレスミスに対する危機感はないの**で、直らないのです。

そこで、対処法の第1ステップは、ケアレスミスの重大性に気づかせることです。親が執拗《しつよう》にケアレスミスを注意するより、**本人がケアレスミスで悔しい思いをすることのほうが効果があります。**

たとえば、模試の結果を見ながら「一つのミスで偏差値がこんなに下がっちゃうんだよ」などと、数字で示しながら認識させましょう。受験には「合」か「否」しかありません。「惜しい」はないのです。ちょっとしたミスで天と地の差が出ることを、教えていきます。

そのうち子どもも、ケアレスミスへの意識が高まってきます。

## 「自分で」ケアレスミスを書き出す

意識が高まったら、第2ステップの〝修正〟です。問題集の余白、右上なら右上と決めて、**犯したミスをひと言メモさせます。**「8×6を24としてしまった」「理由を聞かれているのに『〜から』を書き忘れた」など、簡単なものでかまいません。

やがて、自分のしているケアレスミスの種類がわかってきます。おそらく2〜3種類でしょう。ようやく親に「また同じミスをして」と言われたことに思い当たるはずです。

よく保護者の方が「『ミスノート』を作っています」と言います。「ミスノート」とは、子どものしたケアレスミスを親が書き出したノートのことです。しかし、親が書き出したのでは、親に危機感や焦りが生じこそすれ、子どもの危機感は高まりません。

設問を読みながら、大事なところに線を引く、印をつけるなども、悪くはありません。しかし、そのせいでスピードが削がれるくらいなら、どんどん解いて、犯したミスを書き出すほうが、直しやすいのです。

## できる子だってミスをしている

できる子はミスをしない、注意深い子どもだと思っていませんか。

**できる子だって、同じようにミスをしています。**しかし、**スピードがあるので、同じ時間内に二度解くことができ、ミスを発見・修正しているに**すぎません。

ケアレスミスをしているなら、それを注意するのではなく、スピードと学力を上げることに集中しましょう。やがて、ケアレスミスで失点することが減っていきます。

ケアレスミスのもったいなさを数字で示す

ミスを書き出すことで、直しやすくする

国語

# 読解力は要約力に表れる

56

読解力の土台になるのは、典型的なストーリーや展開です。よく出題される代表的なものは知っておきましょう。そのためには、ある程度の読書量が必要になります。まず小学校の教科書をしっかり読むのは基本です。

それ以外でよくすすめているのが、市販の問題集や中学入試の過去問を「読書」すること。入試問題に選ばれた場面、選ばれた箇所は、全体の一部にすぎなくても、読みごたえのあるものが多いからです。

## 「ひと言」で話をさせる

読解力には、要約力が反映されます。要約力は、日頃の会話でも訓練が可能です。読書の後に、どんな話だったかを子どもに聞いてみてください。夕食のときに、その日の学校での出来事を話させるのもいいです。

今日あったことを子どもに聞いたときは、「朝起きて、歯磨いて、学校行って……」、というスタイルで話をさせずに、**ひと言で話してもらいましょう。**

たとえば「近所に住むお年寄りの学校訪問があったんだ。昔の小学校の話をしてくれたよ」「給食に揚げパンが出たよ。みんな喜んでた」などと答えてもらえるように誘導します。

ダラダラと話をさせてはいけません。話には必ずオチをつけさせてください。**話にオチをつけさせることで、論理性が磨かれていきます。**

## 男子には常識を、女子には論理を

男子は、論理的な反面、年間行事や常識に疎《うと》い子どもが多く、語彙《ごい》も少ないのが特徴です。一方女子は、常識は男子より知っているものの、論理性に欠け、話もダラダラとオチのないまま終わってしまう傾向があります。

**男子には常識を教え、また大人がどう考えたり感じたりするものなのかを伝えましょう。女子には、ダラダラと話をさせず、必ずオチをつけさせるように指導します。**

国語

# 57 日常生活で語彙を増やす

中学入試では、読解力を試されるだけでなく、漢字の書き取りや四字熟語、ことわざ、慣用句などが問われます。練習や暗記でそれらをインプットすることは、もちろん必要です。

しかし何より、日常で使われている日本語を聞くことが、定着度が高く、使える知識につながっていきます。

## 「生きた日本語」を聞かせる

**語《ご》彙《い》を増やす一番の方法は、子どもに生きた言葉を聞かせること。**勉強して覚えた内容は、知識として蓄えられても、使い方がわからないと忘れがちです。

**身近なお父さんお母さんとの会話で、ことわざや慣用句、四字熟語などが聞けるのが何よりです。**お父さんお母さんは、意識的に使ってみてください。

ことわざについては、『ことわざ絵本』（岩崎書店）をおすすめします。親子で一緒に読みながら覚えていくのも、楽しいものです。また、言葉がイメージと重なると、忘れにくくなります。

## 「こそあど言葉」は使わない

会話から学ぶと身につきやすいということは、逆に言えば、よくない言葉の使い方も覚えてしまうということです。

日常生活で多用される「こそあど言葉」。具体的に言わなくても、状況で内容がわかるので、会話は成り立ちます。会話の目的である意思疎通に、なんら問題はありません。

しかし、言葉を覚えていく子どもには、きちんと具体的に指示しましょう。「あれ取って」ではなく、**「テーブルの上にある新聞、取ってくれる?」**と言います。

「そこまでいろいろな行き方があるから、あれでチェックしてみよう」ではなく、**「横浜までいろいろな行き方があるから、インターネットでチェックしてみよう」**という要領です。

ぜひ、知的な会話を聞かせてください。同時に子どもにも、「こそあど言葉」は使わせないようにしましょう。

## 積極的に語彙を増やす機会を作ろう

最近、ダジャレは軽視されますが、言葉を使えるという視点から見ると、決して軽視されるようなことではないと思います。**ダジャレやしりとりなどの言葉遊びも、語彙を増やす一助になります。**

低俗なバラエティ番組やお笑い芸人は論外ですが、ダジャレ好きな芸人の番組であれば、それを通して少しずつ言葉遊びを覚えていきます。俳句や和歌や詩も、もとをたどれば言葉遊びです。その入門としてのダジャレと考えれば、お笑い番組も悪くありません。

子ども同士の会話では、語彙はなかなか増えません。大人との会話から学んでいくことが多いのです。とはいえ日常生活では、そうそう大人との会話はありません。

子ども向けではない本を読む、テレビを見るなどで、**実際に使われている、大人が話す日本語に触れさせる**のがいいと思います。

テレビなら、ドラマも悪くありません。親が選んで見せてください。「笑点」は、古典的な笑いとともに、きれいな日本語を聞くことができるのでおすすめです。

子どもの世界に留めておくだけでは、語彙はなかなか増えません。子どもには、段階を踏んで、大人の世界を見せることも必要です。

日常生活で、状況をイメージしやすい四字熟語を使う

国語

# 低学年に記述の練習はいらない

58

昨今は「試験」といえば、それが中学・高校・大学、はたまた就職であれ、記述が避けられません。

そういう風潮を受けて、小さい頃から作文の練習をさせてしまいがちですが、低学年のうちから作文を練習する必要はありません。

記述を意識するあまり、子どもに早くから文章を書く練習をさせるより、**まず読解力をつけましょう。**

## 記述力は読解力についてくる

読解力があるのに記述がお手上げ、という子どもを見たことがありません。読んで理解する力があれば、必ず記述もできるようになります。子どもたちが立証しているように、**記述の力をつける近道は、読解力を上げることにほかならない**のです。

学校の国語の授業で、先生がする質問にきちんと答えられる。宿題のプリントの問にきちんと解答できる。これこそが基本です。

記述は、文章が読めていれば、書くべき内容が頭にあるので、それを表現すればいい。**書けないのは、そもそも書く内容がわかっていないからです。**

記述の試験は、文章が上手なら丸をもらえるわけではありません。問われたことにきちんと答えているかどうかが大切です。

## ダラダラ文章のクセをつけない

夏休みに、読書感想文の宿題がよく出ます。親も苦労する課題でしょう。

感想は「面白かった」に尽きているのに、400字書かないといけない。そこで、ダラダラとストーリーを書いて、最後にひと言、「面白かったです」として完成。

これでは、ダラダラ文章の練習をしているようなものです。

子どもが面白かったと言ったら、**何が面白かったかを聞いて、十分な会話をした後に書かせてみてください。**書くことがわかれば、ずいぶんと楽に書けるものです。400字を埋めるために、ダラダラと文章の水増しをするようなことは避けましょう。

読書感想文に限らず、小さいうちに作文の練習をすると、ダラダラ文章になりがちです。作文をする必要があるときは、**書く前によく話をして、書くべき内容を頭に思い浮かばせてから、短文でビシッと書かせるようにしましょう。**

理科

# 物理・化学は経験と算数力がものをいう

59

物理・化学は、理科の中でも、苦手とする子どもが多い分野。勉強していくうえで、「あっ、アレだ！」と思い当たることが多い子どもほど、理解が早く、身につきます。**実際に体験することが重要な科目だといえます。**

## やんちゃな遊びが生きてくる

大人には、単なるやんちゃやいたずらにしか見えない体験が、後で生きてくるものです。

池に石を投げて水面を滑らせる遊び。すぐにはできず、何回もトライする。試行錯誤の結果、石を投げ入れる角度とスピードがカギであることを理解します。

冬の電車に乗ると、窓がくもっています。そこに子どもが落書きをしたら叱ってしまいがちですが、この落書きの経験が後々生きてきます。

なぜくもっているのか。くもりの正体は何か。その正体はどこから来たのか。なぜ冬にくもりやすいのか。冬以外の季節だとどんなときにくもりやすいのか。あるいは入試で「くもりを取るにはどうしたらよいか」と聞かれます。**小さい頃の経験の有無がこれらを理解する力になります。**

冷凍庫でペットボトルを冷やす経験も大切です。普通、ペットボトルには「凍らせてはいけない」と書かれています。凍らせると、破裂したり膨張したりしてしまうのです。凍ると膨らむというのは、経験しないとわかりません。

また、凍ったペットボトルを溶かして中身を飲むと、味が薄いことに気づくでしょう。これらの事象がそのまま入試問題に出題されるわけではありませんが、水の凝固について学ぶ大きな助けとなります。

## 算数の力で理科も伸びる!?

またこの分野は、算数力が反映されます。**理科が苦手だとわかったら、まずは算数の力をつけましょう。**

理科は、算数あっての科目。

ある有名な理科の塾講師が、中学受験を控えた、理科の物理分野が苦手な小学6年生女子の家庭教師を頼まれたそうです。時はすでに10月。彼が施したメニューは、驚くべき内容でした。残り3か月にもかかわらず、10～11月の2か月間は、理科を全くやらず、算数のみ。そして、**算数が仕上がってから物理分野の学習**を始めました。

結果はというと、第一志望の御三家に見事合格しました。

この事実は、やはり算数力の重要性を物語っています。

遊びやいたずらが、理科の成績に影響する

理科

# 生物・地学は自然を感じることで伸びる

60

体験や経験が大切なのは、生物・地学の分野も同じです。特に、**毎日の暮らしや、四季の変化と密接に結びついています。**

ぽかぽかと暖かくなった春、散歩をしていたら、景色が霞《かす》んで見えたこと。秋は月の美しい夜が多く、何種類もの虫の声が聞こえてきたこと。自然が見せてくれたほんの一コマずつの記憶が、やがて勉強で求められる知識へとつながっていきます。

## 童謡のチカラとは？

親子で童謡を歌うのは、心に残る温かい思い出です。**昔から歌い継がれてきた童謡には、日本の自然や生き物がたくさん描かれています。**

「朧月夜《おぼろづきよ》」を歌っていた子どもは、仮に実体験がなくても、春は霞んでいるらしいとインプットされます。「虫のこえ」で、マツムシはチンチロチンチロチンチロリンと鳴くらしいことを知ります。「真っ赤な秋」で秋の風景を、「たきび」でさざんかが冬の花だということを知ります。

童謡や唱歌の素朴な歌詞は、実にシンプルに日本の自然を描いています。

2012年、開成中学校入学試験の理科で、童謡を材料に出題された大問がありました。小さい頃に、理屈はわからずとも、楽しく童謡を歌っていたとしたら、原風景が形成されていたでしょう。おそるべし、童謡。

## 理屈よりも「体験」をしよう

ある中学校の入試問題に、「小さい虫が必要なので捕まえたいが、どこで見つけることができるか」というものがありました。選択肢の中から選ぶのですが、正解はクモの巣です。

小さいときに冒険ごっこなどと銘打って、外を駆け回ったことがある子なら、一度や二度は引っかかったことのあるクモの巣。そのとき、クモの巣に小さい虫が捕らえられていたのを、見たかもしれません。**理屈でなく、体験・体感している子どもは、いざ勉強になったとき、容易に理解できます。**

小さい頃の遊びが、こんな風に生きてくるのです。

子どもには、たくさん外で遊ばせて、いろいろ体感させてください。

社会

# 白地図やパズルで地理感覚を養う

61

地理の学習では、白地図やパズル、かるたなどを活用してください。これらで覚えた知識は、定着度が高いのです。

## 白地図は汚してOK

地理分野を学ぶにあたり、白地図は必須教材。教材は何度も使うものなので、書き込まないという考えもありますが、**白地図に限っては、どんどん書き込んでください。**そして、また買い直せばいいのです。

SAPIXや日能研、Z会から『白地図作業ノート』などが出版されているので、これらを利用しましょう。

## アクティブに楽しみながら学習するのが一番

地理分野は、市販されている教材に面白いものがそろっているので、大いに活用してください。

たとえば、「都道府県かるた」や「地図記号かるた」などがあります。書店でチェックしてみるといいでしょう。

私がおすすめしたいのは、『日本列島ジグソーDX』(学研教育出版)。透明のプラスチックでできたジグソーパズルです。プラスチックなので、紙のように端が折れて形が変わってしまうことはありません。各都道府県の正しい形をずっと保ったまま使用できます。都道府県の位置や県庁所在地だけでなく、農作物や畜産物などもあわせて学べるスグレモノです。

**小学3年生では、都道府県名がわかれば十分です。4年生になって県庁所在地が言えるくらいを目安に、進めればいいと思います。**

5～6年生になったら、先に述べた白地図にスイッチしましょう。

このパズルは、休日などに家族で挑戦してみてください。ゲーム仕立てにしてトライしても面白いと思います。

社会

# 歴史はマンガやゲームで楽しく覚える

62

歴史は、覚えなければならないことが多い科目です。覚えるにあたっては、あまり窮屈に挑むのはなく、楽しい手段でトライしていきましょう。

## マンガやドラマで日本史に触れる

いろいろな出版社から、マンガで読む日本史が出ています。私の塾の子どもたちも、大人が期待する以上に、マンガで読む日本史が好きです。挙句、休み時間には、武将ごっこをしたり戦国時代について語り合ったりもしています。マンガの偉人伝もあります。

マンガというと、抵抗を感じる方も多いかと思いますが、**楽しく手軽に読めて、頭に残るうえ、「読む」という主体的な行動でもあるので、ぜひ子どもたちにすすめてあげてください。**

もちろん小説を読むのもいいですし、ＮＨＫの大河ドラマを親子で一緒に見るのもいいと思います。ストーリーで、無理なく歴史に触れることが大切です。

## 問題を出し合えば一石二鳥

親子でも友だち同士でもいいので、歴史の問題を出し合うゲームをしてみましょう。「墾田永年私財法《こんでんえいねんしざいほう》が出されたのは何年?」「743年!」「そのときの天皇《てんのう》は?」「聖武《しょうむ》天皇!」など、短いものでかまいません。くり返し書いて覚えるのではなく、クイズのように問題を出し合って、楽しくインプットできます。

答えるほうはもちろんのこと、**出題する側も記憶に残ることが多い**ので、交替で出題し合ってみてください。

このゲームは、歴史に限らず、地理分野でも行えます。

最近は、中学入試で世界遺産が取り上げられることも増えました。これも、低学年のうちは問題集や参考書で覚えるのではなく、本を読んだりクイズを出し合ったりして、無理のない学習をしてください。

英語

63

# 抵抗感をなくして英語に親しむ

小学生のうちから英語を学ばせるか否かは、賛否両論あります。
私は、触れておく必要はあると思っています。
ただし、机に向かって文法をやるような英語学習ではなく、楽しみながら英語に親しむのがいいでしょう。

## 恥ずかしがらずに発音してみよう

英語を話せるようになるには、どのように英語学習を始めたらいいのでしょうか。

私はまず、**英語の歌を歌うのが一番いいと思います。楽しみながら、英語を発音する**のに最適です。家庭で難しそうなら、英会話スクールに通う方法もあるでしょう。

また、テレビを活用するもの一つの方法です。番組の中で「今度は君の番だよ」と発音させるので、子どもは耳から聞いてまねします。

中学生になって英語につまずくのは、発音することを恥ずかしいと思う子どもたちです。語彙《ごい》を増やす方法としてよく言われるのが音読ですが、恥ずかしくてついつい音読を避けがちになると、英語学習には何かと不利です。

　そうならないためにも、小さいうちから英語を発音することに慣れておきましょう。文法より、発声重視で進めてください。

　それさえしておけば、出遅れることはありません。

## 日本語優先で学習する

　子どもによっては、英語に深い興味を示すかもしれません。そういう子どもにすすめたいのが多読です。アメリカの絵本などを読ま

英語の歌を歌うことから始める

せましょう。高学年になったら、物語を読ませるのもいいのですが、適正なレベルであることが必要です。

ＳＥＧという塾では、英語多読コースを設け、効果をあげていると聞いています。

英語は、いずれ受験でも合否を分ける重要な科目。とはいえ、小さいうちから机に向かって勉強させることが、適正かどうかは疑問です。日本語もおぼつかないからです。

**幼少期から小学生にかけての英語学習は、国語を学ぶことを圧迫してまでも、時間を割くことはないと思います。**英語に触れること、発音に慣れることを意識して、英語を身近なものにしておきましょう。

# 第7章

# 成功するために家庭でできること

# 64 夫婦で教育方針を決める

お父さんは野球選手にしたい。一方、お母さんは医者にしたい。夫婦とて別人格なので、子どもに対する希望も違って当然です。しかし、これをそのまま子どもに向けてはいけません。夫婦でよく話し合って、ある程度は統一しましょう。

たとえば、「小学生のうちは、勉強はほどほどにしておいて、野球に取り組ませる。その間に、野球を続けさせるかどうか様子を見て、難しいとわかれば、中学生になるのを期に、勉強に意識をスイッチする」など、大まかな方針は夫婦で統一します。

## 夫婦でバランスをとろう

中学受験についても、夫婦で意見の割れることはよくあることです。お母さんは中学受験をさせたい、お父さんは特にそのメリットを感じない。この場合もよく話し合うことが必要です。

そして、授業料を払って塾に行くと決めたら、お父さんは子どもの前**では、否定的な発言は差し控えてください。やると決めた以上は、子ど**

**もの前では応援の姿勢を見せます。**

「そんなに大変ならやめちゃえば？」といった発言しかできないとしたら、やはり夫婦で再検討が必要です。場合によっては、やめさせることも視野に入れなければなりません。

ただ、**中学受験でいえば、夫婦が二人とも前のめりになってしまうよりは、どちらかが引き気味のほうがいいのは確かです。**子どもがつらくなったとき、両親のどちらかに助けを求められます。

とはいえ、否定的な発言は決してしないでください。それならば、黙っているほうがいいのです。

そんなに 大変なら やめたらどうだ？
なんで そんなこと 言うのよ！
一度やると決めたら、否定的な発言はしないようにする

## 母親の笑顔は子どもの笑顔

小学生のうちは、お母さんのストレスが、そのまま子どもに伝染します。お父さんが、お母さんのストレス発散に付き合ってあげられれば一番いいのですが、お父さんも忙しい毎日を送っています。ですから、お母さんはお母さんなりに、ストレス発散の場を持ってほしいと思います。

家で料理や菓子作りに没頭してもいいですし、テニスや英会話、生け花などの習い事に出かけるのもいいでしょう。ママ友とランチをしたり、お茶会をしておしゃべりをするのも楽しそうです。

**母親が、適宜ストレスを発散して、笑顔でいられれば、子どもは安心します。**

くれぐれも、母親のストレスが夫からのものでないよう、夫婦はしばしば話し合ってください。

笑顔でいられるように、外でストレスを発散させる

# 65 学校や塾に任せること

かつて日本には、叱ってくれる地域社会がありました。近年は、うっかり叱ろうものなら嫌な思いをするだけとばかりに、叱る地域社会はほぼ消滅してしまいました。

となると、子どもを叱るのはもっぱら親の仕事。一手に親に負担がかかる時代になっています。子どもが悪いことをすると、すぐさま親が悪い、母親が悪い、と言われる世の中。親の負担はかなりのものです。

うまくいかないことがあっても、一人で抱え込まないでほしいと願います。

## 親は「慰め役」にまわる

子どもが宿題をやらなくて手を焼いているとき、**もう無理だと感じたら、学校や塾の先生に相談しましょう。**親が叱っても効果がないのなら、先生方に叱ってもらうのが一番です。そして**親は、叱られて帰ってきた子どもを慰め、励ましてあげればいい**のです。

親だけが宿題をやらせる努力をしていても、親子関係は気まずくなるばかり。自分の子であっても、親だけががんばればいい、などということは決してないのです。

## 頼る前に、まずは家庭で努力してみよう

一方で、宿題を出すもさせるも、最初から最後まですべて学校や塾の仕事と思っている親もいます。

これは違います。

**まずは家庭できちんとやらせる努力をしてください。やるだけのことをやってもうまくいかないときだけ、学校や塾に相談します。**

子どものために、区分けをしっかり意識しましょう。

# いつから塾に通うべきか

66

中学受験を成功させるポイントは、子どもの心の余裕を保てるかどうか。では、そのためにはどうしたらいいのでしょう。

## 低学年ではテストのない塾を選ぶ

中学入試に合格するためには、いずれ塾に通うことになるでしょう。塾によっては、テストをたくさん受けさせます。大人が想像するだけでも、ストレスフルです。心がすり減っていくのは、容易に理解できます。ですから、早くからテストを受けるタイプの塾はすすめません。**小学3年生までに塾へ通うなら、テストのない塾を選びましょう。**

中学受験を意識している場合でも、小学1年生から3年生までは、テストのない、面白いと思える塾に通わせてください。小学4年生から、テストの結果を意識した塾に行けばいいのです。

**10歳をすぎたら、結果を出すことを意識した勉強にスイッチします。**ただし、4年生から5年生前半までは、テストの結果に一喜一憂してはいけません。親は決してあおらないようにしましょう。

小学4年生までは、友達と遊ぶ日が週に何回かあっていいのです。好きな本を読みふけるのもいいでしょう。塾の宿題をやる時間が圧迫されますが、そういった中で、そこそこやり終えるくらいがちょうどいいと思っています。

高校受験を考えているなら、小学6年生までこのペースでいきましょう。

**大切なのは、心をすり減らさないこと**です。

## 子どもの心は母親が見極める

**一緒に過ごす時間の長さや、母親特有の感性から、子どもの心のすり減り具合に気づけるのは、お父さんよりお母さんです。**お母さんが「あれ、ひょっとして？」と思ったとしたら、まず間違いなくそうです。勉強の進め方を検討しましょう。

お父さんが「まずくないか？」と気づいたときは、たいてい手遅れです。場合によっては、中学受験をやめる決心が必要かもしれません。

**子どもの心に余裕があるかどうか、いつもいつもチェックしてあげてください。**

親にわからなければ、塾の先生に相談しましょう。

# 67 子どもとの距離感を意識する

日本には、子どもをほめるときに頭をなでる習慣があります。

このときの子どもの反応は、親あるいは大人との距離感のバロメーターです。

素直になでられる子どもは、親との距離が適正です。なでると、ハッと驚いて頭を逃がす子どもの反応は、親や大人との信頼関係が薄い表れ。逆に、なでられて余韻を楽しむ子どもは、甘えすぎ。親との距離が近すぎます。

## 甘えすぎは要注意!!

**甘えすぎが見えたら、つらいところですが、距離を置きましょう。**そうしないと、かわいいと言ってもらうために、さらに幼児化していきます。「花子はね……」「太郎はね……」などと、自分のことを名前で呼ぶ話し方をしたり、かわいい自分を演じたりするようになります。

中学受験の視点でいうと、**幼児化した子どもには、難しい文章は読めません。**きちんと「私は……」「僕は……」と話ができるような子どもにしましょう。親は心を鬼にして、子どもとの距離をとって、自立を促していく必要があります。

## 大人っぽい子は心もオトナ!?

一方、頭を逃がす子どもには、親との時間をとってあげてください。

高学年ならば大人になった証とも受け取れますが、低学年で嫌がるようであれば少し気がかりです。自立を焦らず、子どもとして甘えられる時間も作ってあげてください。

また、そういう子が小学6年生になっていきなり、「お母さんと一緒に寝たい」などと言ってくることがあります。「あんなに大人びていた子が急に……」と驚くかもしれません。しかし、そんなときは突き放さず、一緒に寝てあげてください。**受け入れてあげることで、子どもは気持ちが落ち着いてきます。気持ちが落ち着けば、また物事に前向きに向かえるものです。**

# 68 正しいほめ方と成功体験とは

「えっ!?」と意外に思われるかもしれませんが、遊び感覚・ゲーム感覚のある子どもは、受験もうまくいきます。

## ゲーム感覚で習得の楽しさを実感する

ゲームで、一つのステージをクリア、アイテムを手に入れます。そのアイテムを生かして次のステージもクリア、またアイテム入手。そしてまた……。これは、習得が結果に表れ、次なる習得に向けて努力する勉強の喜びと同じです。勉強を楽しく進めていける子どもは、ゲーム感覚を持ちあわせています。

もちろん、だから〝ゲームをさせなさい〟と言っているのではありません。**どんな些細《ささい》なことであっても、成功体験を重ねていってほしいと**いうことです。

成功体験といっても、大げさなことではありません。習得することを心地よいと思える体験です。

毎日ピアノを練習したら、発表会で間違えずに弾けた。休まずサッカーの練習をしていたら、試合でゴールを決めることができたなど。

努力がうまくいった体験をした子どもは、受験勉強にも前向きに向かっていけます。

## 「頭いいね」はNG

うまくいったときのほめ言葉としては、**「努力したものね」「がんばったものね」などがいいでしょう。**「頭いいね」は、適切ではありません。

「頭いいね」と言われると、頭がいいなら努力しなくていいやと思ってしまうし、努力したら「頭いいね」とほめてもらえなくなると考えます。努力をしなくなってしまうので、伸びなくなります。

しかし、**努力をほめられれば、次もほめてほしいと思うので、またがんばります。**努力を続けることができるのです。

よく「やればできるじゃない」とほめてしまうこともあるかと思いますが、これもいけません。やればできるなら、必要なときにやればいいやと、努力を放棄してしまいます。やらないでいることを、正当化してしまうおそれがあります。

習得することを、うれしく思えるような子どもに育てていきましょう。

# 69 芸術的センスを磨いて学力を伸ばす

学力をつけるために勉強だけしていればいいかというと、決してそうではありません。**音楽や図工、体育も、学力のために必要です。**そういった意味で、学校のカリキュラムは実によくできています。

## 小学校生活を楽しもう!

**芸術的センスは、勉強のセンスに通じるものがあります。**かの有名なレオナルド・ダ・ヴィンチは、絵画、彫刻、建築だけでなく、音楽、さらには数学、解剖学や植物学の分野にも顕著な業績を残しました。

ちなみに、ヨーロッパ最古の音楽学校である王立ソードラ・ラテン音楽学校では、授業のおよそ半分は数学だったといいます。音楽と数学が通じていることを示す例です。

**学校の音楽や図工、体育の授業、休み時間も、大いに楽しんでください。**これらをまんべんなく体感することは、脳の働きにも刺激を与えています。

## 紙と鉛筆だけでは学力はつかない

音楽で養われるリズム感、図工で培《つちか》われる観察力や想像力、体育で身につく筋肉や運動能力。そのどれをとっても、学力に影響を及ぼします。

小さい頃にやった、「いないいないばぁ」や「にらめっこ」「福笑い」でさえも、子どもが感情を覚えるよい機会になっているのです。

**芸術分野の授業や、日常生活の遊びも、長期的に見れば学力向上につながっています。**机に座って紙と鉛筆でやる勉強だけでなく、授業や遊びのすべてを楽しんで、学力につなげましょう。

問題集（紙と鉛筆）での勉強のほうが効率がよくなるのは、10歳をすぎた頃からです。そのため、ほとんどの中学受験塾では、小学4年生からカリキュラムを本格化させます。

本書でくり返し述べてきたように、**10歳までは、「読み・書き・そろばん」で土台を作り、日常生活や学校生活で思考力・発想力・表現力を学ぶべきです。それが、10歳以降の成長につながります。**受験勉強のために学校生活をなおざりにしないよう気をつけましょう。

# 70 論理思考をムリなく身につけるには

親がしてしまいがちなことに、子どもが10歳になる前から、考えることを中心に勉強させようとすることが挙げられます。世の中は、思考力に富んだ人材を求めています。とすれば、このような親の教育は、一見正しいように思えますが、実は間違いです。

**低学年では、論理思考のトレーニングを勉強のメインにしてはいけません。**子どもに負担がかかるだけです。パズル程度で十分です。

## 勉強には「順番」がある

**10歳になる前は、基礎学力を身につけるために、反復練習などの単純作業をするときです。**これをしないと、高学年になっていざ思考力を養おうと学習を進めても、基礎学力がおぼつかないので、論理的思考力を養成するのに苦労します。

高学年になって、「基礎学力が十分でなかった」と計算練習や漢字の書き取り練習をさせても、低学年のようには吸収できません。また、本来なら論理思考を形成するこの時期に反復練習をするという、もったいないことになります。

勉強する順番を間違えてはいけません。

## 「考える」を意識する

基礎学力や勉強する習慣を身につけている子どもは、日常生活の中で、よく考える子どもになっていきます。低学年のうちは、勉強で考えることができなくても、日常生活の場面で考えることができれば十分です。

高学年になって、徐々に頭の中だけで考えることを訓練していきます。やがて中学生になって論理的思考ができるようになり、数学を学ぶ力につながります。

中学2・3年生では幾何の証明問題を学びますが、これはまさに論理力を養成する単元です。矛盾なく説明していくことを学習していきます。

学習は、「させる順番」を間違わないことが肝心です。無理をさせず、段階を追って進めてください。

# 71 高学年でつまずかないために

これまでに話した通り、人の脳は、10歳をすぎると、具体的思考より論理的思考を好むようになります。高学年になると、論理的思考を好むので、反復練習を嫌がるようになり、基礎学力を伸ばしにくくなるのです。

逆に言えば、反復練習で身につける基礎学力は、具体的思考を好む低学年のうちに身につけなければならないということです。

## 日常会話でも主語・述語をしっかりと

基礎学力をつけるには、反復練習に勝るものはありません。それと同じくらい大切なのが、日常会話です。**会話で飛び交う言葉は国語の力に、内容は理科や社会の力につながります。**

**日常会話でも、きちんとした文章で話をさせることが重要です。**

「雨……」と子どもが言うと、お母さんがすぐさま「降ってきたね」と受け返していませんか。

たとえじれったくても、子どもが述語を言うまで待ってください。

「雨……」と言ったきり黙ってしまうようなら、「雨がどうしたの？」と促しましょう。

他人と話をする場合は、緊張や恥ずかしさもあって、言葉がうまく出てこないこともあると思います。お父さんやお母さんは、子どもとの会話を大切にしてください。

## ダラダラ話はNG

おしゃべり好きな女子は、比較的、国語ができる傾向があります。しかし、気をつけるべきは、特に母親との会話で、ダラダラ話をしないことです。ダラダラ話を続けていると、国語力は身につきません。

日常会話でも、きちんとした文章で話をさせる

母娘だと、ダラダラと話をしていても、共感し合えてしまいます。文章で話さなかったり、「こそあど言葉」を頻繁に使ってしまいがちです。

お母さんにお願いしたいのは、**論理的な展開に修正する**ことです。**人に伝えたいことは何か、どのように伝えれば相手にわかってもらえるのか。それを意識した話し方をさせてください。**

## 口数と文章力の関係とは？

日頃の会話は、書く文章にも影響します。ダラダラとした会話は、ダラダラとした文章につながり、論理性に欠けます。将来的にも有効ではありません。

会話が簡潔な子は、すっきりした文章が書けます。子どもが要領を得ない話をしたら、おおよその意味がわかったとしても、もう一度話をさせてください。その際に、**なぜ話がわかりにくかったかを伝えると、うまく修正できます。**

さて、無口な子はどうでしょう。意外にも、無口な子どもは、いざ口を開くと、論理的な会話をすることがあります。

無口な子どもでも、必要なときには話をします。できるだけ言葉少なに用件を済ませたい。無駄なことは言わず、本題だけを言いたい。そんな気持ちがあるので、展開がすっきりと、論理的になりやすいのです。

無口であっても心配無用。説明がうまい人は、日頃は無口なこともあるようです。かの池上彰さんも、子どもの頃は無口だったと聞きました。伝記になるような偉人たちでも、幼小期は無口だったという例が少なくないようです。あまり気にしないようにしましょう。

ダラダラ話をしていると、国語力が伸びなくなる

# 72 憧れを持たせよう

ある小学校の先生が、放課後に逆上がりのできない生徒たちを残して練習をさせたときのこと。ついに逆上がりができた女子生徒の口から出たのは、感動や達成感の言葉ではなく、「これでもう練習しなくていいんだね」だったそうです。

その先生は、自分はいったい何を教えてきたのだろうと、ひどく落ち込んでしまったといいます。

## 「できること」は素晴らしいこと!!

この先生は、「逆上がりができたらカッコイイ」と思わせて練習させるべきところを、「義務」のように感じさせてしまったのかと、反省したそうです。

中学受験も、終わったときに「○○中学校に行けるんだ」と喜んでいるのと、「ああ、ようやく勉強しなくて済む」と喜ぶのでは、どちらがいいでしょう。

**〝仕方なく〟ではなく、目的に向かって取り組ませるようにしましょう。**

習得できたらうれしい、と思わせるように指導したいものです。

## 声掛けは前向きな言葉で!!

勉強できるってカッコイイ、勉強できる人になりたい、頭のいい人になりたいと、子どもに憧れを抱かせましょう。親も、勉強ができる人を評価する姿勢を示してください。「自分も勉強は嫌いだったから、つらいのはよくわかるよ」などと言ってはいけません。これは、寄り添いや共感にはならないのです。

確かに、勉強には辛抱も必要ですし、つらくて大変。それを否定はしません。ただ**子どもには、勉強の面白さやメリットを大いに伝えてください**。子どもは、親の声掛け次第で、気持ちの持ち方がいかようにも変わるものです。

子どもが何事にも前向きに取り組めるよう、親が導きましょう。

# 73 「受験のための勉強」にしない

受験勉強の目的は、試験に合格すること。でも子どもには、それが将来につながることをしばしば伝えてください。

## 勉強は将来の「夢」に続く道

「旅人算なんかやって、将来何の役に立つの？」などと聞かれることがあるかもしれません。

「本当だよね。でも試験に出るから、やるしかないよね」

こんな会話をしていませんか。

これでは、受験勉強はうまくいかなくなります。「仕方なし」の勉強はさせないでください。

実のところ、親だって旅人算が将来何の役に立つのかなど、具体的にはわからないでしょう。

でも「数字をうまく使える人は、仕事がよくできるようになれるよ。役に立つ人になる準備だね」「弁護士は、論理的に考えを展開できる人がなれる仕事だよ。算数をやったり、国語で読解力をつけることは、そういう仕事をやりたいと思ったときに、役に立つね」などと、子どもに話してあげてください。

## 「将来」を意識してモチベーションUP

将来につながることを聞かせたからといって、子どもたちのやることが変わるものではありません。あくまでも試験に受かるための勉強です。

でも、**勉強へのモチベーションになります。**

**勉強の目標は、短期的には中学受験合格、中期的には大学受験合格、長期的には「なりたい自分」になる。**これを意識させて、勉強に弾みをつけてあげてください。

# 終章

# 本当に大切なこと

# 74 権利と義務を教える

昨今の日本は、全般的に権利者意識が強くなっています。それは、子どもでも同じです。先生が叱ると、「教育委員会に言いつけるぞ」と言う子どもがいるというからびっくりです。

子どもは、自由奔放に育ててはいけないと思います。**権利の裏には、義務があることをしっかりと教えていくことが必要です。**

## まずは家庭で「義務」を教える

権利は、義務と背中合わせです。

「不自由なく食事できるのはありがたいこと。そのかわり、お父さんのためにポストから新聞を取ってくる仕事は必ずしてね」などと決めて、子どもにやらせます。

社会人一年生でよくいわれるのが、一人前に主張はするくせに仕事はしない、ということ。小学生が「○○中学には行きたいけど、勉強したくない」と言っているのと変わらないわがままぶりです。

権利と義務が背中合わせであることを教えられるのは、お父さんお母さんが中心です。学校では、いろいろな要素がからみ合って、義務を教えることが少なくなっています。道徳教育も手薄な分野です。

**義務や道徳は、家庭でしっかり教えましょう。**ぜひ、小学生のうちに学んでほしいと思っています。

## 親子の「学び」が学力につながる

家庭で義務を教えるといっても、改めて何かをするわけではありません。先ほどの新聞を取りに行く作業のように、日常生活から身につけさせます。

小学生になって、**勉強がよくできる子どもは、権利と義務を心得ています。**絵本や本、映画などからも学ぶことができるので、親子一緒に楽しく学んでいってください。

# 75 子どもはいつまでも子ども

小学生のうちは、大人っぽく見える子どもでも、やはり子どもです。ですから、日頃は適正な距離感を保っている親に対して、突然甘えてくることがあるかもしれません。

さて、こんなときどうしますか。

## “甘やかす”のはNG

“甘えさせる”のと“甘やかす”のとは違います。

「勉強疲れた〜」「じゃあ今日はやめようか」　これは甘やかしです。

「勉強するの少し疲れたから、明日の日曜日お母さんと買い物に行きたい」「そうだね、よくがんばっているよね。よぉし、行こう」　これは甘やかしではありません。甘えさせているのです。

## 子どもに必要なのは「安心感」

甘えたいときに甘えさせてもらえるとわかっていれば、子どもは安心

**します。この安心感があるからこそ、子どもは大人になっていけるのです。**

若者の犯罪をみると、「理解してもらえなかった」とつぶやく青少年が多いと聞きます。甘えが許されないとわかってくるにつれ、子どもはだんだん甘えなくなります。これは喜ぶべきことではありません。むしろ逆です。受け入れてもらえない孤独感は、肥大化していきます。

子どもが弱音を吐いて甘えてきたら、受け入れて甘えさせてください。

**ただし、弱音の原因となる障害を、親が取り払ってはいけません。それはただの甘やかしです。**乗り越えれば甘えられる、という安心感が大切です。

両者の違いをよく意識して、ときに子どもを甘えさせ、受け入れてあげてください。

# 76 教育ママ・教育パパになろう

サッカーに熱心なお父さんやお母さんには、特別な呼ばれ方はありません。でも、勉強熱心な親たちは、教育ママ・教育パパと、批判的な含みで呼ばれます。

教育ママ・教育パパと言われたら、どんな気分になりますか。

## ウワサは気にしない

早起きしてお弁当を作り、ときには当番もあって、人のお世話もする。決して楽ではないサッカーママやパパ。サッカー一家は、ほのぼのとした家族の光景として、だれもそれを批判する人はいません。

しかし、これが勉強となると、なぜか違う。「あそこの家は教育一家。子どもに勉強ばかりさせているわ」と、噂《うわさ》されます。

本当に勉強ばかりさせているかどうかは別にして、こういう言われ方をする家の子どもは、たいてい成績のいい子ども。うらやましい気持ちの裏腹で、意地悪な言い方をされているのかもしれません。

## 自信を持って「教育ママ」になろう!!

教育ママとか、教育パパなどと言われると、あまりいい気持ちはしないと思います。でも、そこで**子どもに「勉強できるって、かっこいい」と言ってあげてください。**

親子一緒に取り組んでいる光景は、それがどういうことであれ、批判されるようなことは何もありません。サッカーも勉強も同じです。

教育ママ・教育パパと言わせる日本の古き風潮に惑わされることなく、**自信を持って、子どもと一緒に勉強に取り組んでください。**そして、教育ママ・教育パパでいてほしいと願います。

勉強のできる子どもは、ねたまれやすいものです。勉強ができるのは、本人ががんばっているからにほかなりません。

そして、本人ががんばれるのは、親の協力があってこそ。では、どうやって親は協力したらいいのか、ここまで読んでいただいて、もうご理解いただけたかと思います。

知的な人が輝く時代を作っていきましょう。

# おわりに

お読みいただき、ありがとうございました。

２００ページにわたってたくさんのことを申し上げてきましたが、「このすべてを実践しなくてはならない」と考えないでください。すべてに取り組んだら子育てが窮屈になってしまいます。いいと感じた項目を普段の生活に少し取り入れて、お子さんの学習意欲が向上すれば、それで十分です。慣れてきたら、また一つ取り入れてみてください。

大切なのは、親も子も自然体でいることです。どんなにすばらしい子育て術でも、親子がぎくしゃくしてしまったら、効果はありません。そして新しいことに取り組むときは、お子さんの表情、目の輝きをよく観察して、無理をさせていないか気を配ってください。

本書が、お子さんの学力向上の一助になればと願っております。

最後に、遅筆の私を支えてくれた大前真由美様、佐藤良裕様に深く感謝いたします。１年かかりましたが、私が講演会で話していることをまとめることができました。また、私が講演会で話したり執筆したりできるのは、これまでたくさんのお父様お母様や生徒に出会い、授業を通じて私自身も成長させていただいたからだと思っています。この場を借りて感謝申し上げます。ありがとうございました。

〔著者紹介〕
村上　綾一（むらかみ　りょういち）
理数系専門塾エルカミノ代表。
学生時代から大手学習塾で御三家中学（開成・麻布・武蔵）コースを担当し、その後フリー講師に転身。2006年、理数系専門塾エルカミノを設立する。
御三家中学、筑波大学附属駒場中学、灘中学などの難関中学に、毎年多くの教え子を合格させる。御三家中学については、2006〜2015年の10年間を通して、受験者の7割が合格するという驚異的な実績を叩き出す（一般的な学習塾の合格率は2〜3割）。その結果、「中学受験にどう向き合うか」「算数ができる子の育て方」などのテーマで年間20〜30回の講演を行うようになり、3,000人以上の母親と接してきた。
塾では、長時間の詰め込み学習や課題漬けといった「お膳立てされた勉強」を廃し、子どもの自主性、学習への意欲を育てることに重きを置いている。モットーは、「子ども一人一人の心の中にある学習意欲を引き出せば、必ず伸びる」。
著書に『人気講師が教える理系脳のつくり方』（文藝春秋）、『面積迷路』（学研マーケティング）、『1日10分で大丈夫！「自分から勉強する子」が育つお母さんの習慣』（ダイヤモンド社）などがある。

中学受験で成功する子が
10歳までに身につけていること　（検印省略）

2016年2月12日　第1刷発行

著　者　村上　綾一（むらかみ　りょういち）
発行者　川金　正法

発　行　株式会社KADOKAWA
〒102-8177　東京都千代田区富士見2-13-3
0570-002-301（カスタマーサポート・ナビダイヤル）
受付時間 9:00〜17:00（土日 祝日 年末年始を除く）
http://www.kadokawa.co.jp/

落丁・乱丁本はご面倒でも、下記KADOKAWA読者係にお送りください。

送料は小社負担でお取り替えいたします。

古書店で購入したものについては、お取り替えできません。

電話049-259-1100（9：00〜17：00／土日、祝日、年末年始を除く）

〒354-0041　埼玉県入間郡三芳町藤久保550-1

DTP／ニッタプリントサービス　印刷／加藤文明社　製本／越後堂製本


ISBN978-4-04-601425-2　C0037